Skizze einer Finanzgeschichte
von
Frankreich, Österreich, England und Preußen
(1500—1900).

Skizze einer Finanzgeschichte

von

Frankreich, Österreich, England und Preußen

(1500—1900.)

Historische Betrachtungen über Staatenbildung und Finanzentwicklung

von

Gustav Schmoller.

Sonderabdruck aus dem Jahrbuch für Gesetzgebung, Verwaltung und Volkswirtschaft im Deutschen Reich. Jahrg. XXXIII. Heft 1.

Leipzig,
Verlag von Duncker & Humblot.
1909.

Historische Betrachtungen über Staatenbildung und Finanzentwicklung[1].

Von

Gustav Schmoller.

Inhaltsverzeichnis.

I. Die Schwierigkeiten aller Staatsfinanz S. 2—8. Anwachsen derselben S. 2. Geld- und Naturalwirtschaft S. 3—4. Die neuen Aufgaben und ihre Schwierigkeiten S. 5—8. — II. Frankreich S. 8—19. Übersicht bis 1789 S. 9—11. Die Regierungen des 16.—18. Jahrhunderts S. 12—13. Ihre Beurteilung S. 14—16. Das 19. Jahrhundert S. 17—19. — III. Österreich-Ungarn S. 20—27. Seine politische Aufgabe S. 20—21. Übersicht 1507 bis 1798 S. 22. Die Regierungen bis 1848 S. 23—24. Die Finanzen 1848 bis heute S. 25—26. — IV. England S. 27—37. Ältere Zeit, Übersicht bis 1817 S. 27 28. Steuern und Schulden von 1660—1815 S. 29—31. Die schlechte Finanz 1815—42 S. 32, die Finanzreformen 1842—78 S. 33—34. Die letzten 30 Jahre S. 35—37. — V. Altpreußen S. 37—47. Der Territorialstaat S. 37—40. Die Finanzen des 17. u. 18. Jahrhunderts S. 41. Schuldenwesen S. 42. Staatsschatz S. 43. Rettung des Domaniums S. 43—44. Die Steuern S. 45—46. Urteil S. 47. — VI. Das Preußen des 19. Jahrhunderts S. 47—57. Die Reformzeit bis 1848 S. 48—50. Die Epoche von 1850—66 S. 51—52. Die Minister v. d. Heydt und Camphausen S. 53. Die Bismarcksche Finanzleitung S. 53—56. Die Miquelsche S. 56—58. — VII. Schlußworte S. 58—64. Rückblick S. 58—59. Die Aufgaben bis 1866 und seither S. 60. Die Aussichten der Reform: Finanzminister und Premierminister S. 61. Parlamentarische Regierung S. 62. Parteien und Interessengruppen S. 63. Direkte und indirekte Steuern S. 64.

---

[1] Die folgenden Ausführungen wurden zuerst in der Täglichen Rundschau vom 27. September bis 22. November veröffentlicht. Ich drucke sie jetzt zusammen in meinem Jahrbuch wieder ab, weil ich glaube, daß der Versuch einer Vergleichung der Finanzgeschichte von Frankreich, Österreich, England und Preußen von 1500—1900 einigen dauernden Wert haben dürfte. Was ich über das 19. Jahrhundert sage, ist im ganzen dem Fachmann bekannt, die Untersuchung über 1500—1815 dagegen bringt auch diesem manches Neue, sie hat mich jahrelang beschäftigt und ich trug die Hauptresultate am 5. Dezember 1907 in der Akademie vor, habe diesen Vortrag aber nicht drucken lassen, weil manche Zahlen noch der Nachprüfung bedurften. Jetzt im Jahrbuch den ganzen quellenmäßigen Apparat beizufügen, auf dem die „Betrachtungen" ruhen, war ursprünglich meine Absicht. Aber ich habe jetzt unmöglich Zeit, ihn druckfertig auszuarbeiten; er würde auch die Abhandlung auf mehr als den doppelten Umfang steigern.

I. Die Schwierigkeiten aller Staatsfinanz.

Wir stehen im Deutschen Reiche vor einer wichtigen, tiefgreifenden Finanzreform. Noch übersehen wir nicht, ob sie gelingen, ob ihr Mißlingen das Vaterland schwer kompromittieren wird. Da ist es wohl am Platze, auch mal die Blicke rückwärts zu wenden und zu fragen, wie die europäische Staatenbildung von der Finanzentwicklung abhing; zu zeigen, in welcher Weise den Regierungen und Völkern das unendlich schwierige Problem der modernen Finanzentwicklung gelang. Wir verstehen dabei unter letzterer die Herstellung eines großen staatlichen Haushalts, der in der Hauptsache auf Geldwirtschaft beruht, neben den alten Mitteln eines Domänenbesitzes und neben persönlichen Kriegs- und andern Naturaldiensten ein großes Geldsteuersystem und Geldschuldwesen ausgebildet hat. Es ist ein Prozeß, der erst in den letzten paar Jahrhunderten sich langsam vollzog, der erst in dem letzten seine riesenhafte Ausbildung empfing. Denn wenn das habsüchtigste Finanzgenie Frankreichs, Philipp der Schöne, es auch schon gegen 1300 auf 10,8 Mill. heutiger Mark reiner Staatseinkünfte und ähnlich die gut regierte Republik Venedig 1423 auf 11 Mill. brachte, so war doch der als reich geltende deutsche König Karl IV. in der zweiten Hälfte des 14. Jahrhunderts nicht über 3, Karl V. 1518 nicht über 32, Karl II. von England 1660—70 erst auf 36, Kaiserin Katharina von Rußland 1762 auf 53, Friedrich II. von Preußen 1786 auf 60—69 Mill. gekommen. Demgegenüber stand das reine Staatseinkommen Englands 1790 auf 340, das Frankreichs im 18. Jahrhundert auf 320 bis 480 Mill. Mk. Heute (1907) balancieren die staatlichen Bruttobudgets nach dem Gothaischen Hofkalender: Großbritannien mit 4234, Frankreich mit 2967, Deutschland (Reich und Staaten zusammen nach Zahn 1902) mit 6—7000 Mill. Mk. Reduziert man die letzteren Zahlen auch um ein gutes Drittel, um ungefähr mit den älteren vergleichbare Nettozahlen zu bekommen, so war es doch vielleicht das schwierigste wirtschaftliche Kunststück überhaupt, aus staatlichen Haushalten mit etwa 1 Mill. Mk., wie sie etwa von 1250—1350 standen, bis 1600 solche von 10—60 Mill., bis 1789 solche von 100—400 Mill. und von 1789 bis heute solche von 2—4000 Mill. Mk. verfügbarer Jahreseinnahme und -ausgabe zu erhalten. Wir haben in diesen paar Zahlen wenigstens einen ganz ungefähren Maßstab der sich entwickelnden Staatsfinanzen, wenn auch die Veränderung des Geldwerts dabei absichtlich nicht berücksichtigt ist, wenn auch die Steigerung deshalb viel zu groß erscheint, weil in älterer Zeit viel erheblichere ungebuchte Naturalabgaben und -dienste neben den Geldeinnahmen standen und weil erst sehr langsam die Staatseinnahmen an einer zentralen Stelle in einheitliche Zahlen zusammengefaßt wurden; alle älteren Angaben enthalten vieles nicht, was später im Staatsbudget stand. Die Budgets waren früher alle Netto-, heute sind es Bruttobudgets.

Einzelne große und mächtige Staaten, vor allem kriegerische Eroberungsstaaten, hat es natürlich lange vor den Staaten mit moderner Geldfinanz gegeben. Sie beruhten auf einem sehr großen staatlichen Grundbesitz, sowie auf einer Naturalabgabenverfassung, welche der Zentralgewalt große Geschenke, Getreide-, und Viehzehnten und Ähnliches zuführte, endlich auf einer Naturaldienstverfassung, welche in Form von Arbeitsfronen, Kriegsdiensten, Wagen-, Pferde- und Schiffsgestellung die Kräfte der Völker zu weitgehender Verfügung der Zentralgewalt stellte. So Großes mit solcher Verfassung zeitweise geleistet wurde, so drückend, ja despotisch, alle private Wohlstandsentwicklung, alle individuelle Freiheit vernichtend war sie. Sie konnte sich nirgends auf die Dauer halten. Ihre notwendige Auflösung bedeutete für viele Staaten die rasch eintretende Machtlosigkeit, oft den Untergang. Zumal da andere Gründe die meisten älteren großen nationalwirtschaftlichen Reiche in eine Unzahl Stadtstaaten, Grundherrschaften, Kleingebiete, Territorialstaaten verwandelten, sehen wir in dieser Epoche, die für Westeuropa hauptsächlich in die Zeit vom 11.—16. Jahrhundert fällt, gerade in der Zeit beginnender Geldwirtschaft und sich auflösender Naturalwirtschaft, die größte finanzielle Schwäche und Hülflosigkeit. Die alten Arten der Machtkonzentration: feudaler Kriegsdienst, Gemeindeschiffsgestellung, Fronen aller Untertanen versagen; der alte große staatliche Grundbesitz wird verschleudert; die neuen, geldwirtschaftlichen Einrichtungen der künftigen Finanz sind noch nicht vorhanden oder werden zunächst so unvollkommen ausgebildet, auch vielfach so brutal angewendet, daß sie wenig oder nichts leisten, die Völker durch Fiskalität erdrücken.

In den Jahrhunderten der sich ausbildenden, durch Geld-, Markt- und Kreditverkehr sich entwickelnden Volkswirtschaft und der sich vergrößernden Staaten (etwa von 1400—1800) soll nun zweierlei geschehen: Einmal soll die privatwirtschaftliche Marktproduktion, ihr Absatz, die beginnende Unternehmung, der private und Kompanie-

1*

handel, es soll der Absatz der landwirtschaftlichen Produkte der Bauern und Gutsbesitzer nach den Städten sich ausbilden; es entstehen die modernen privaten Geld- und Kreditformen, aber alles noch unvollkommen und tastend, erst von 1750—1860 zu einiger Vollkommenheit durch die freiere Verfassung alles wirtschaftlichen Lebens gelangend. Und daneben sollen diese neuen wirtschaftlichen Kräfte mit ihren Mitteln, Kapitalien und Formen nun die Grundlage für den staatlichen Haushalt in seiner neuen Gestaltung bieten: ein unsagbar schwieriges Problem, doppelt schwierig, weil es sich einerseits um das harmonische Zusammenwirken von Staats- und Privatwirtschaft handelt und anderseits um die Abgrenzung der Mittel für beide Sphären, um den Kampf zwischen der zugreifenden Staatsfinanz und der sich gegen übermäßige Zumutungen verteidigenden Privatwirtschaft.

Die staatliche Domänenverwaltung führt fast überall einen erschöpfenden Kampf mit der Kirche, dem Adel, den sonstigen Pfandinhabern um die Erhaltung des Kammergutes, event. um ihre Ausdehnung auf Bergwerke, Salinen, Forsten. Die staatlichen Gewalten sind schon gegen 1500, viele in steigendem Maße bis 1700 in Abhängigkeit von in- oder ausländischen Kapitalistenkreisen; fast alle große Finanzleistung ist dadurch bedingt, wird aber auch dadurch auf Abwege gedrängt, oft vollständig korrumpiert. Die etwas bessere und geordnetere Benutzung des Staatskredits erfolgt sehr spät. Die Ausbildung des Geldsteuerwesens ist aber zuletzt das Wichtigste, jedenfalls das Schwierigste. Aus Ersatz von Naturaldiensten, aus Geschenken an den Fürsten, aus Gebühren für Benutzung von öffentlichen Einrichtungen, entwickelt sich die Geldsteuer. Noch tief bis in die neuere Zeit erhält sich die Vorstellung, für den freien Mann, jedenfalls für den dem Staate als Ritter oder Geistlichen Dienenden sei die Geldsteuer unberechtigt. Überall stellte sich der Steuerheischung der fürstlichen Gewalt das ständische Bewilligungsrecht entgegen; war dies einerseits wohlberechtigt und hielt die schlimmsten fürstlichen Mißbräuche in Anlage und Verwendung der Steuern ab, so wurde es anderseits infolge der ständischen Klasseninteressen und der damaligen politischen Kurzsichtigkeit der Stände das vollständige Hemmnis einer gerechten Steueranlage, einer auskömmlichen Finanzentwicklung. Und daher die meist gelingenden Tendenzen des aufgeklärten Despotismus, das ständische Bewilligungsrecht zu beseitigen, womit aber anderseits wieder der fiskalischen Überspannung Tür und Tor geöffnet wurde. Die direkten und indirekten Steuern des 16. Jahrhunderts sind die ersten halbwegs in ganzen Ländern gerecht und technisch brauchbar umgelegten. Für die ganze Zeit von 1500—1900 werden wir sagen können, es sei fast nur nach großen Ereignissen und Katastrophen und meist nur großen, besonders energischen und weitblickenden Fürsten und Staatsmännern gelungen, tiefgreifende Steuerreformen durchzusetzen. Stets standen solchen großen Maßnahmen alle kleinen und kleinlichen Interessen entgegen. Erst im 18. und 19. Jahrhundert ist der Fortschritt in den besser regierten Staaten ein so erheblicher, daß man behaupten kann, die Steuern seien so weit gut umgelegt worden, seien zugleich so verwendet worden, daß trotz steigender Steuerlast die private Volkswirtschaft dadurch mehr gewonnen als verloren habe. Dazu trugen wesentlich die überall steigenden konstitutionellen Verfassungen mit ihrer Finanzgesetzgebung und Budgetverwilligung und die endlich erreichte Öffentlichkeit des Staatshaushalts bei. Jedenfalls aber werden diese wenigen Bemerkungen zeigen, um welche technischen, wirtschaftlichen, politischen Schwierigkeiten es sich handelte, als von 1400 bis heute einerseits die private Wirtschaft von den erdrückenden Fesseln der alten Naturalverfassung befreit, anderseits zu erheblichen Geldbeiträgen für den Staat herangezogen werden mußte; die Steuern lassen ihr doch viel freieren Spielraum der eigenen Entwicklung, als jene ältere naturalwirtschaftliche Bindung.

Ist so der Übergang von der alten naturalen Finanzverfassung der Staaten zur modernen geldwirtschaftlichen Verfassung das Problem gewesen, das zu meistern es vom 13.—19. Jahrhundert galt, so sind die Schwierigkeiten anderer Art nicht minder groß gewesen.

Die Stadtstaaten und Territorien von 1200—1600 waren 60—60000 Geviert-Km. groß, mit 0,1 Mill. bis 1 Mill. Seelen; daraus mußten die zusammengefaßten Territorialstaaten und die Nationalstaaten mit 60000 bis 0,2 Mill. Geviert-Km. und mit 1 bis 20 Mill. Seelen von 1500—1800 entstehen; im 18. und 19. Jahrhundert bilden sich aus ihnen Großstaaten mit 0,2—0,6 Mill. Geviert-Km. und mit 20 bis 70 Mill. Seelen, und einige derselben erhoben sich bereits zu Weltreichen mit 3—29 Mill. Geviert-Km. und mit 100—400 Mill. Seelen. Nur ein kindlicher Philisterstandpunkt kann darin ausschließlich das Werk dynastischen Ehrgeizes sehen; er gab oft den Anstoß; die Ursachen lagen tiefer: kulturelle und wirtschaftliche Notwendigkeiten führten zu dieser Ausbildung größerer Gemeinwesen; die kräftigen Völker selbst haben sie verlangt, trotz aller Kämpfe, Kriege, Krisen und Kosten, die sie verursachte. Die steigenden Budgetzahlen, die wachsenden Steuern und die Staatsschulden haben zu einem großen Teil hier ihre eigentliche Wurzel. Und die finanzielle Belastung wurde für den meist kleinen geographischen Kern der sich ausdehnenden Staaten vor allem deswegen oft für Generationen so furchtbar schwer, weil er lange allein oder hauptsächlich Staat und Armee zu bezahlen hatte. Deutsch-Österreich hat jahrhundertelang so die Lasten mit für Ungarn getragen; ebenso Brandenburg mit den reichen Provinzen Magdeburg und Kleve-Mark für den ganzen altpreußischen Staat, Preußen für Deutschland, Großbritannien für das britische Weltreich. Die mit Disraelis Weltreichsplänen einsetzende große letzte Teilung der Erde ist in letzter Instanz verantwortlich zu machen für die ungeheueren Budgeterhöhungen, Finanzkrisen und Finanzreformen der meisten Staaten in den letzten 30 bis 40 Jahren. Und dazu kommt nun die Ausdehnung der Staatszwecke und Staatsaufgaben, welche zum Teil mit dieser Vergrößerung der Staaten, zum Teil mit der höheren geistigen und technisch-wirtschaftlichen Kultur, mit der großen Vergesellschaftungstendenz der neueren Völker gegeben ist.

Daß zunächst die Hofausgaben sehr wuchsen, ja daß sie als der Hauptzweck der neuen Finanzen von 1400—1800 erschienen, ist leicht erklärlich. Denn die Hofverwaltung war lange zugleich staatliche Zentralverwaltung, der Schloßbau war zugleich Festungsbau, die Hofwache der Kern der stehenden Truppen. Eine große glänzende Hofverwaltung war der Mittelpunkt und die bewegende Kraft des territorialen wirtschaftlichen Lebens, des technischen, künstlerischen, wissenschaftlichen Lebens vom 16. bis 18. Jahrhundert! Aber freilich steigerte sich nun der Luxus und die Verschwendung des Hofes von den italienischen, burgundischen, französischen Fürstenhöfen aus so maßlos, daß in vielen Staaten die Kosten des Hofes die staatliche Entwicklung hemmten. Und auch in den besser regierten gelang die Trennung der Hof- von der Staatsverwaltung so langsam, von 1500—1800, daß darin (mit wenigen Ausnahmen) ein Haupthindernis gesunder Ausbildung der Finanzen lange lag.

Unter den eigentlichen Staatsausgaben stehen die militärischen voran. Die vergrößerten Staaten brauchten statt der Feudalheere erst periodisch, dann dauernd Soldtruppen, später Volksheere; beides kostete enorme Summen, oft 30—70 v. H. der gesamten Staatsausgaben; daneben die Kriegsflotten und endlich die wachsende Schar der gelbbesoldeten Staatsbeamten. Alle Völker haben zeitweise über Heer, Flotte und Bureaukratie geseufzt und gemurrt; alle — auch die mit freiester Verfassung — haben sie immer wieder vermehrt. Man hat über bodenlose Justiz geklagt, bis man sie verstaatlicht und gelbbezahlten, unabsetzbaren, beamteten Richtern in die Hände gab. Man hatte überall eine schlechte Polizei, bis sie im ganzen verstaatlicht war. Man hatte keine oder schlechte Schulen, bis der Staat eintrat oder die Gemeinde dazu zwang. Hat der merkantilistische Despotismus im 17. und 18. Jahrhundert die Ausdehnung der Staatszwecke weit übertrieben und hat die Zeit von 1770—1870 wieder versucht, der Gemeinde, den Korporationen, der privaten Unternehmung, den freien Vereinen und Genossenschaften soviel als möglich zurückzugeben und zu belassen, so hat das letzte Menschenalter doch dem Staate und der Gemeinde wieder im Verkehrswesen, Kreditwesen, Versicherungswesen, Schul- und Bildungswesen ungeheuer wachsende Aufgaben aufgenötigt und damit die Budgets emporgetrieben. Überall ist es da nicht leicht, die rechte Grenze zu finden.

Und zuletzt vielleicht die allergrößte Schwierigkeit der sich ausdehnenden staatlichen Geldfinanzen, an der bisher die meisten Staaten in alter und neuerer Zeit scheiterten: Die Herstellung solcher formalen Einrichtungen und die Erziehung solch ehrlicher Minister und Beamten, einer so sparsamen Bezahlung derselben, daß die Finanzmaschine nicht zu teuer wurde, nicht zu schlecht arbeitete, daß die unvermeidlichen Mißbräuche jeder Riesenverwaltung von den kleinen Nachlässigkeiten bis zum wucherischen Millionendiebstahl in mäßigen Grenzen blieben. Diese Mißbräuche haben im Altertum und in der Renaissancezeit, teilweise bis ins 18. und 19. Jahrhundert alle übrigen Fortschritte der Finanz da und dort fast wieder illusorisch gemacht oder wenigstens sehr kompromittiert; die Übergabe der ganzen Finanz, oder bestimmter Steuern an wucherische Bankiers nnd Pächtergesellschaften hat ganze Staaten mehr oder weniger ruiniert. Außerordentliche Fortschritte haben ja nun die besser regierten Staaten seit den letzten zwei Jahrhunderten im Etats- und Rechnungswesen, in den amtlichen, schriftlichen Kontrollen aller Finanzvorgänge, in der Erziehung brauchbarer und ehrlicher Beamten, in der Anordnung der Karrieren, der Besoldungen und Pensionen erreicht. Aber doch immer zugleich mit steigenden Kosten, vielfach mit steigender Schwerfälligkeit, mit lähmender Arbeits- und Behördenteilung. Und nirgends sind die Gefahren und Schattenseiten dieser Art außer Betracht zu lassen, wenn es sich um weitere Steuern, um weitere Ausdehnung der staatlichen Tätigkeit und Beamtenwirtschaft handelt. Vor allem muß man sich hüten, zu glauben, die parlamentarische Kontrolle habe diese Gefahren beseitigt. Sie hat gewisse Arten derselben seltener gemacht, andere gesteigert. Es kommt auch hier auf das geistig-sittliche Niveau der Menschen und die Institutionen an.

Sind das die wesentlichen Ursachen, welche der Ausbildung einer großen und geordneten Staatsfinanz entgegenstanden, so sei zuletzt noch kurz daran erinnert, daß es bis ins 18. Jahrhundert eigentlich keine Wissenschaft der Finanz gab, und daß sie bis heute in ihrer Ausbildung hinter der der Volkswirtschaftslehre zurückblieb. Die Routine, die Not des Augenblicks zimmerten die Finanzsysteme, die Mehrzahl der Finanzminister und der hohen Finanzbeamten waren bis in die neure Zeit beim Eintritt in ihr Amt der höhern finanzwissenschaftlichen und meist auch der volkswirtschaftlichen Bildung bar.

Und unter allen diesen großen Schwierigkeiten sollte ein staatliches Finanzsystem eingerichtet werden, dessen Anforderung pro Kopf der Bevölkerung in einigen Jahrhunderten, wie wir sehen werden, von 1 Mk. bis auf 50, ja bis 100 Mk. stieg, das von 1 bis 5 v. H. des nationalen Einkommens mehr und mehr 10, 20, ja in Notzeiten 30 und mehr v. H. in Anspruch nahm; ein kompliziertes Gebäude, dessen innere Notwendigkeiten und Riesenansprüche auch der gebildete Laie heute noch schwer übersehen und verstehen kann; ein Belastungsapparat, dessen Zudringlichkeiten und Ansprüche jedermann genieren, einen erheblichen Teil des Volks immer schwer bedrücken mußte. Jede siegende populärdemokratische Regierung hat daher stets große Einschränkung der Staatslasten versprochen und hat sie dann bald selbst um 50 bis 100 v. H. gesteigert.

Wir führen in den folgenden Abschnitten die Finanzgeschichte Frankreichs, Österreich-Ungarns, Großbritanniens und Preußens in kurzen Umrissen vor, um den Zusammenhang zwischen Staatenbildung und Finanzentwicklung konkret darzulegen. Ein letzter Abschnitt soll dann die Resultate zusammenfassen.

II. Frankreich.

Eine Reihe sich folgender, politisch selten befähigter französischer Könige haben im 13. Jahrhundert von ihrem Hausbesitz, dem Herzogtum Francien aus, sich von den Grafschaften, Herzogtümern, Städten und geistlichen Territorien Frankreichs bereits so viele, etwa 1/3 bis

¹/₂, direkt unterworfen, daß man von dem Ende des Feudalstaates, den Anfängen des modernen Staates gegen 1300 sprechen kann: Staatsrat, Parlament, Legisten- und Beamtenverwaltung, Ordnung der Geldsteuern (der Vermögenssteuer), Belegung der Lehnspflichtigen (neben dem Kriegsdienst) mit Geldabgaben tritt uns damals entgegen. Hauptsächlich Philipp der Schöne vollendet diese erste Glanzzeit der französischen Monarchie; die reinen königlichen Einnahmen wird man am Ende seiner Regierung auf etwa 11 Millionen heutiger deutscher Mark (1314) berechnen können, während sie 1248 nur etwa 3 Millionen betragen hatten. Sein rücksichtslos zugreifendes Finanzgenie hat die Finanzbehörden und das Steuerwesen verbessert, aber auch durch Zwangsanleihen, durch Erhebung von 31 päpstlichen Zehnten in 29 Jahren (mit päpstlicher Erlaubnis), durch den beginnenden Ämterverkauf, durch hohe Verkehrssteuern, noch mehr durch seine Münzfälschungen, seine brutale Brandschatzung der Juden, der Lombarden, des Templerordens, durch die Anfänge der Steuerverpachtung an Florentiner Bankiers jene wucherische Fiskalität begründet, die Frankreichs Finanzgeschichte so lange entstellt. Aus der Empörung des ganzen Landes über seine Finanzkünste geht von 1314—1360 die Erhebung des Adels und der Städte gegen das fürstliche Regiment, die Errichtung der Chambre des comptes (Rechenkammer 1320), der steigende Einfluß der Provinzial- und Generalstände, der Versuch, Finanzen und Steuern auf gerechtere Grundlage zu stellen, 1355—60 fast eine Regierung durch die Generalstände, endlich das Vordringen der englischen Krone in Frankreich hervor. Karl V. stellt 1360 die monarchische Gewalt wieder her, bringt die königlichen Einkünfte auf 13,3 Millionen deutscher Mark und hinterläßt einen großen königlichen Schatz. Aber von 1380—1439 dauern die inneren Unruhen, die englischen Kriege, der wirtschaftliche Rückgang des Landes fort. Erst Karl VII. (1439—1461) und Ludwig XI. (1461 bis 1483) vollenden, was Karl V. begonnen hatte: die monarchische, von den Generalständen befreite Gewalt und monarchische Finanz. Im Jahre 1439 tagen die Generalstände noch in Orleans; die kleine stehende Armee wird bewilligt und für ewige Zeit eine königliche Taille (Vermögenssteuer) von 1,2 Mill. Livres (= 7,6 Mill. Mk.), die bis 1483 auf 4,1 Mill. Livres anwächst; alle feudalen Taillen werden für immer verboten. Dabei fehlt es in der Epoche von 1439—1483 nicht an großen inneren und äußeren Fortschritten. Die Engländer werden definitiv vertrieben, Ruhe und Ordnung wird hergestellt, die Städte werden gehoben, dem Adel wird die Jagd ge-

nommen, Steuerreformen werden wenigstens versucht. Und die zwei folgenden guten Regierungen (Karl VIII. 1483—1498, Ludwig XII. 1498—1515) setzten die Taillen herab, erhöhten zwar die indirekten Steuern, aber in geschickter Weise, ohne zu harten Druck. Die Einheit der Monarchie war in der Hauptsache gegen 1500 vollendet. Ein großer wirtschaftlicher Aufschwung konnte im 16. Jahrhundert eintreten. Die reinen Staatseinkünfte waren unter Ludwig XII. 15. Mill. Mark. Da sie schon 1360—1380 auf 13,3 Mill. gestanden hatten, können wir schließen, daß der Steuerdruck kein übermäßiger war, trotz der Klagen unter Ludwig XI.

Mit dem 16. Jahrhundert beginnt die große glänzende Kulturentwicklung Frankreichs. Stand neben ihm zwar, scheinbar überragend, das spanisch-burgundisch-österreichische Weltreich: es hatte keinen geographischen Zusammenhang, keine administrative Einheit, wurde kein wirtschaftliches Ganze; es ging rasch wieder auseinander. Frankreichs Provinzen blieben bis 1789 zwar auch relativ selbständige Teile; aber Königtum, Heer und Beamtentum steigerten die Verwaltungseinheit von 1439—1715 fast bis zum Übermaß; die inneren Provinzen wurden zu einer wirtschaftlichen, der ganze Staat zu einer finanziellen Einheit. Die Technik, die Kunst und die geldwirtschaftlichen Einrichtungen Italiens haben nirgendwo sonst so befruchtend gewirkt; sie haben hier einen treibhausartigen Glanz erzeugt. Das reiche Land erlebte im 16. und Anfang des 17. Jahrhunderts einen wirtschaftlichen Aufschwung, wie nie vorher und nachher; Wissenschaft und Literatur standen hier höher als anderswo; große Juristen, große Gesetzgeber und Staatsmänner lenkten das Gemeinwesen. Die Finanzen des Landes hatten nicht bloß formale Fortschritte der tiefgreifendsten Art gemacht; auch die bem König zur Verfügung stehenden Mittel waren 1515—1715 von 15 auf 218 Mill. deutscher Mark gestiegen! Der König von England, die deutschen Fürsten, die Schweizer waren die Pensionäre der französischen Krone. Auch das 18. Jahrhundert zeigt Frankreich noch scheinbar auf der Höhe seiner Weltstellung; der Wohlstand nahm 1715—1789 wieder zu; die Einnahmen der Regierung stiegen weiter. Ich schließe eine summarische Übersicht über die französischen Finanzen von 1500—1789 gleich hier an:

Reine Staatseinnahmen bezw. Staatsausgaben Frankreichs 1500—1789.

Unter		Millionen heutige deutsche Mark	Wahrscheinliche Bevölkerung Mill. Seelen	Also pro Kopf Staatsausgaben Mark
Ludwig XII.	1498—1515	15,41	15	1,00
Franz I.	1547	40,39	17	2,40
Heinrich IV.	1609	77,87	20	3,89
Ludwig XIV.	1699	137,65	19	7,24
= =	1715	218,88	16	13,65
Ludwig XVI.	1773	306,00	22	14,00
= =	1789	488,06	26	18,76

Diese Zahlen können nur ein ganz grobes Bild von dem Anwachsen der französischen Staatsfinanzen geben, sowie zeugen von ihrer Größe gegenüber den andern Staaten, wenn wir z. B. hinzufügen, daß neben den 40 Mill. von Franz I. Heinrich VIII. von England über 16, daß zur Zeit von Heinrich IV. Ferdinand II. von Österreich nur über 17 Mill. verfügte, daß im 18. Jahrhundert Josef II. 137 Mill., Friedrich II. 69 Mill. neben den gleichzeitigen 300 bis 500 Frankreichs auszugeben hatten; die englischen Zahlen erreichten damals allerdings schon die französischen. Wir kommen darauf in den nächsten Abschnitten.

Also die Macht und Größe des französischen Staates spricht sicher aus diesen Zahlen, sie war zumal im 17. Jahrhundert unzweifelhaft vorhanden. Aber das Wichtigere für uns ist die Frage: wie sind diese Budgets entstanden, wie hängen sie mit der äußeren und inneren Politik zusammen, wie verhalten sie sich zu dem Wohlstand des Landes, seiner sonstigen Verfassung und Kultur, seiner gesellschaftlichen Gliederung? Wie hängt mit ihnen einerseits der Aufstieg des Staates, anderseits die finanzielle Mißwirtschaft und der politische Mißerfolg zusammen? Wir versuchen eine Antwort zu geben, zuerst durch eine chronologische Skizze seiner Fürsten und Finanzminister, dann durch eine kurze materielle Erörterung seiner Finanzpolitik.

Die fünf Könige, welche Frankreich von Franz I. bis Heinrich III., 1513—1589, regierten, waren geistvolle Kunstmäzene, kühne, kriegerische Politiker, aber auch Abenteurer, vor allem jedoch verschwenderische Lebemänner, zuletzt solche ohne jeden Zügel, ohne jede Scham. Der ehrliche Surintendant Lamblancas, der die Finanzen unter zwei Königen vorher musterhaft geführt, mußte seine Sparsamkeit 1527 auf dem Schafott büßen. Die vier Franz I. folgenden Fürsten brachten die Finanzen durch wahnsinnigen Bau-, Hof- und sonstigen Luxus an den Rand des Bankrotts; sie verstanden weder die großen politischen Kräfte in den Generalständen fürs Staatswohl zu nützen, noch einen vernünftigen Friedenszustand zwischen Katholiken und Protestanten herzustellen. Heinrich IV. und Sully (1589—1609) gelang es dann, diese wichtigste politische Aufgabe der Zeit zu lösen; sie stellten den äußeren Frieden her, tilgten bei gleichbleibender Höhe des Budgets ein Drittel der Staatsschulden, beseitigten das große Defizit, ermäßigten die furchtbar drückenden direkten Steuern, erhöhten geschickt die indirekten. Wäre die Staatsleitung nur zwei Menschenalter in diesen Bahnen geblieben, so wäre die Entwicklung Frankreichs eine gesunde geworden. Aber nach diesem kurzen Lichtblick in der französischen Finanzgeschichte kommt mit dem Jahrhundert von 1609 bis 1715 die Epoche glänzendster Macht- und Kulturentfaltung, aber auch der schlimmsten finanziellen Mißwirtschaft, nur vorübergehend bekämpft und gemildert durch Colbert: 1609—1623 regieren Maria von Medici und ihre meist fremden Günstlinge; dann schlägt bis 1643 die harte Faust Richelieus den hohen frondierenden Adel nieder, hebt das Ansehn Frankreichs nach außen, die Macht der Krone nach innen, aber erdrosselt dabei durch seine rohe Finanzpolitik fast das Volk; 1643—61 folgen die Verwaltungen von Emery, Mazarin und Fouquet, die die Bestehlung der Staatskassen durch die führenden Minister und Beamten zum System erheben; die Minister, die Steuerpächter (traitans, partisans), die ganze Hofgesellschaft, die Generale, der hohe Adel bestehen zu einem großen Teil aus geldsüchtigen Wucherern. Es ist vielleicht das größte Verdienst Colberts, daß er Ludwig XIV. so weit brachte, Fouquet zu verhaften, ihm den Prozeß zu machen. Colberts Verwaltung von 1661—83 hat dann ähnlich wie die Sullys von der bodenlosen Korruption der Finanzverwaltung das Schlimmste beseitigt, die wirtschaftlichen Zustände etwas gebessert. Aber nach seinem Tode 1683 wird es bis 1715 sogar noch viel schlimmer. Die Finanzen sind 1715 in entsetzlicherem Zustand als je, ein Teil der Bevölkerung steht vor dem Hungertod, das Land, hauptsächlich Paris, vor der Revolution. — Die Regierung des Regenten und Ludwigs XV. versucht es erst mit einem Ehrenmann als Finanzminister, Herzog v. Noailles, dann mit einem Schwindler John Law, weiterhin 1726—42 mit einem klugen katholischen Priester, dem Kardinal Fleury, der die Finanzen und den Wohlstand des Landes einigermaßen wiederherstellt; seine Nachfolger

Machand und Silhouette sind wohlmeinende, aber erfolglose Reformer; zuletzt ruiniert der brutale und gemeine Abbé Terray (1769—74) die Finanzen wieder ganz und hinterläßt ein ungeheueres Defizit. Immer war, als Ludwig XVI. 1773 zur Regierung kam, die Lage der Finanzen und des Landes unvergleichlich besser, als 1715. Hätte Ludwig XVI. nicht in 14 Jahren 16 mal seine leitenden Finanz= minister gewechselt, hätte er einen großen reformatorischen Minister beizeiten gefunden und ihm vertraut, so hätte das Defizit 1773—74, wie 1788—90 beseitigt, die Revolution vermieden werden können.

Fragen wir nach dieser Übersicht der Regierungen und Finanz= minister, was das trotz aller seiner Fehler und Sünden großartige Finanzwesen Frankreichs materiell geleistet habe, so hat es nicht bloß mitgewirkt, es war die Voraussetzung für alles Große, was damals geschah. Es hat Frankreich von 1500—1789 zur führenden Macht Europas gemacht, hat die Weltherrschaft Spaniens brechen helfen, die Macht Österreichs eingeschränkt, hat die große und glänzende Organisation des Heeres, der Justiz, der Verwaltung, das Vorbild für so viele andere Staaten ermöglicht; diese Finanzen haben den ersten national=monarchischen Einheitsstaat Europas geschaffen. Ohne sie wäre auch die bedeutsame französische Kunst, Literatur und Wissen= schaft nicht recht denkbar, die, im 18 Jahrhundert ihren höfischen Charakter abstreifend, ganz Europa beeinflußten. Aber all das ge= schah doch um den Preis eines höfischen korrumpierten Despotismus, der vor allem auf der großen Finanzeinnahme und ihrer gänzlich falschen Beschaffung beruhte, um den Preis einer überspannten, falschen auswärtigen Politik, einer falschen kirchlichen und vielfach auch einer falschen inneren und Kulturpolitik, um den Preis eines Ruins der Volkswirtschaft und einer Schädigung der freien sittlichen Kräfte der Nation.

Es war gewiß eine historische Notwendigkeit, daß der französische Despotismus und die französische Kultur in Nachbildung der italienischen entstand; aber er übernahm von dieser auch die Laster und Ent= artungen der sinkenden Renaissancekultur von 1550—1700. Es war vielleicht nicht möglich, daß ohne ganz große Fehler dieser erste zentralisierte nationale Einheitsstaat mit so großen Finanzmitteln sich bildete. Aber wären die Gegengewichte gegen die italienischen Mißbräuche größer gewesen, wären die regierenden Kreise nur zu einem Ausgleich mit den Generalständen in der Zeit von 1550 bis 1770 gekommen, so wäre die ganze Entwicklung eine gesündere ge= worden. Nicht umsonst haben Sully und Fénelon kurz vor ihrem

Tode den Mangel dieses Ausgleichs als das Unglück Frankreichs bezeichnet.

Die große Macht- und Heeresentwicklung, eine kühne auswärtige Politik war nicht an sich falsch; aber sie mußte erfolgen in Harmonie mit den wirtschaftlichen Hülfsquellen des Landes, die, im 16. Jahrhundert glänzend entwickelt, im 17. Jahrhundert durch den Finanzdruck ruiniert, im 18. nur notdürftig sich erholten. Die Überspannung der Finanzen führte zum chronischen Defizit und Staatsbankrott, und dadurch gingen, weil im entscheidenden Augenblick das Geld fehlte, auch alle glänzenden auswärtigen Erfolge wieder verloren. Man verschwendete in endlosen Ländereroberungskriegen Milliarden, um zuletzt ein paar Landstreifen von Spanien, Italien, Deutschland, den Niederlanden abzureißen; und man hatte deshalb nicht die Kraft, die großen französischen Kolonien in Indien und Nordamerika zu behaupten. Diese Verbindung von Landeroberungskrieg und Koloniegründung war der große Irrtum der französischen auswärtigen Politik, dem auch Napoleon I., Englands Welthandel bekriegend und zugleich halb Europa unterwerfend, noch unterlag.

Die Ausbildung der französischen Finanzverwaltung war nicht ohne große und glänzende Züge; nach der technischen Seite, nach der Behörden- und Kassenorganisation wurde Vollendetes erreicht; einige Könige sammelten einen bedeutenden Schatz. Die Vereinigung eines erheblichen Teils des Landes zu einem zollfreien inneren Gebiet war eine große Tat; die direkte Steuer (die Taille) war im Languedoc eine gut verteilte Realsteuer ohne Steuerfreiheit des Adels; im übrigen Frankreich freilich bodenlos schlecht umgelegt trotz vieler Reformanläufe, daher entsetzlich wirkend. In der Not von 1710 wurde eine allgemeine Einkommensteuer (Dixième) trotz der heftigsten Gewissensbedenken des Königs eingeführt, die Frankreich vor den fremden Heeren rettete, auch später, z. B. unter Fleury, noch mehrmals erhoben wurde; sie hätte, beibehalten und ausgebildet, das Defizit von 1773—89 beseitigt. Die Last der Steuern wurde seit 1450 in wachsendem Maße empfunden. Schon Maximilian I. sagte: Das französische Volk ist ein Esel, der jede Last trägt, ein Schaf mit goldenem Vließ, das sich ohne Widerstand scheren läßt. Unter Franz I. waren die Steuern von 5 auf 9 Mill., von 1561—96 war die Taille von 6 auf 21, unter Richelieu die gesamten Steuern von 43 auf 80 Mill. Livres gewachsen; es war unvermeidlich, daß derartiges im 17. Jahrhundert halb Frankreich der Revolution und dem Hungertode nahe brachte. Und doch sind die Kopfbelastungen durch das Staatsbudget nach unserer obigen Tabelle scheinbar nicht übermäßig: 1515 1 M., 1609 3,89 M., 1715 13,65 M. Aber neben den Geld= bestanden sehr schwere Naturallasten; die Summe, die, in die königlichen Kassen fließend, in den Rechnungen erschien, war die Hälfte bis ein Fünftel dessen, was erhoben wurde; und die Steuerverteilung war in der Hauptsache die denkbar ungerechteste. Nach Taine zahlte der Bauer von 100 Fr. Einkommen 53 an die königlichen Kassen, je 14 an den Grundherrn und die zehntberechtigte Geistlichkeit; sie und der Adel zahlten durchschnittlich nur 1 bis 2 v. H. Das Erdrückendste für Volk und Finanzen aber war die Form der Erhebung durch die Steuerpächter, die bis in die Tage Colberts meist wucherische italienische Geldleute, später Pariser Bankiers waren. Die Regierung war in ihren Händen, weil sie auf Jahre hinaus Vorschüsse machten und die einzigen Retter in der chronischen Not des Defizits waren. Sie erhielten in der Regel 25 v. H. der Steuersumme an sich, und jähr= lich 15 v. H. für Vorausbezahlung. Dafür erhoben sie das Doppelte und Mehrfache, exequierten mit unbarmherziger Härte und riskierten dann in den Zeiten ehrlicher Finanzminister, zu ungeheuern Straf= summen wegen ihrer Betrügereien verurteilt zu werden; unter Colbert z. B. zu 111 Mill. Livres. Die unanständigen Minister, wie Mazarin und Fouquet, waren nicht bloß an diesen Pachtungen beteiligt, sondern empfingen noch Jahresbezüge von oft über 100 000 Livres von den Gesellschaften. Fouquet hat es so verstanden, den ganzen Hof bis zur Kammerfrau der Königin, alle Großen, alle einflußreichen Würdenträger durch große Geschenke und Pensionen von sich ab= hängig zu machen. Mazarin hat so ein Vermögen von 60 Mill. Livres = 120 Mill. M. zusammengestohlen. Daher genügt es nicht, wenn Ranke ihn mit den milden Worten charakterisiert: Dieser Italiener habe eine kaufmännische Ader gehabt und einen starken Eigennutz, er habe die Päpste nach ihrem hinterlassnen Vermögen geschätzt.

Darüber, ob die französische Staatsschuld, wie anderwärts, aus Zwangssteuern der Reichen, denen man Rückzahlung und Zinsen ver= sprach, hervorging, finde ich nichts überliefert. Aber Zwangsanlehn kommen jedenfalls seit Philipp dem Schönen vor; 1355—60 wird ihre Abschaffung für ewig dekretiert; sie kommen aber bis ins 18. Jahrhundert vor. Die Staatsschuld betrug 1547 1 Mill. Livres = 3,2 Mill. M., 1599 753 Mill. M. (1610 reduziert auf etwa 500); 1661 fand Colbert etwa die doppelte Last vor, reduzierte sie bis 1683 auf etwa 670 Mill. Mk.; 1711 waren es 2428 Mill. Mk.

Partielle Staatsbankrotte, d. h. zeitweise Nichtzahlung der Zinsen, dauernde Herabsetzung derselben, Kassierung von Domänen und Ämterverkäufe gehörten seit 1580, noch mehr seit dem 18. Jahrhundert (1710, 1713, 1715, 1721, 1726, 1759, 1770) zu den stehenden Finanzeinrichtungen des altfranzösischen Staates. Regelmäßige Defizits von jährlich 24 Mill. Mk. (so z. B. 1597) hören, außer in wenigen begünstigten Jahren, nicht auf, selbst unter Colbert nicht. Necker gab das Defizit 1789 zu 44,8 Mill. Mk. an, es betrug 112 Mill. neben 440 Mill. Mk. schwebender Schuld. An seiner Staatsschuld, seinen Staatsbankrotten und Defizits ging das Ancien régime recht eigentlich zugrunde. Und die französische Revolution setzte durch ihre Assignaten und deren Kassierung den bisherigen Staatsbankrotten die Krone auf. Sie hat damit höhere Steuern erhoben, als je das alte Regime.

Will man die französische Finanzverwaltung von 1515—1789 billig beurteilen, so darf man die wahnsinnige zwecklose Verschwendung, die Liederlichkeit des Hofes und Ähnliches doch nicht in erste Linie stellen. Ähnliches haben auch andere Staaten erlebt. Die Hauptsache scheint mir doch, daß eben die Aufbringung der großen staatlichen Mittel so viel schneller gelang, als die Entwicklung der moralisch=politischen Einsichten in die Natur der Staatsfinanzen. Die Regierenden sahen zu lange die enormen staatlichen Einnahmen als etwas an, das sie wie Privatleute ihr Vermögen benutzen dürfen. Sie scheuten vor der überspanntesten Fiskalität, vor dem ungerechtesten Steuerdruck nicht zurück, weil man die Folgen damals noch nicht übersah. Sie fielen Jahrhunderte lang in die Hände von den Traitans, von schlechten italienischen Bankiers, deren verbrecherischer Zynismus nur übertroffen wurde durch ihre egoistische, habsüchtige Gewandtheit in Geldsachen. Die ungeheuern Staatsmittel flossen in ihre Tasche, statt dem Staate zu dienen. Die großen Reformatoren Sully und Colbert waren ihnen gegenüber nicht stark genug. —

Der Raum reicht nicht, die französische Finanzgeschichte von 1789 bis heute ebenso zu skizzieren. Wir können nur ein paar Worte darüber hinzufügen.

Die Revolution und ihr despotischer Bändiger und Exekutor Napoleon I. haben die schlimmsten Mißstände des alten Systems beseitigt, aber daneben das meiste Gute der alten Finanz beibehalten. Es entstand ein neues System gerechterer direkter Steuern, das System der Ertragssteuern, die indirekten blieben meist die alten. Die Bank von Frankreich, als Hauptstütze der Finanzen, wurde geschaffen; den wirtschaftlichen Kräften wurde im Innern freie Bahn gegeben. Napoleon stützte sich auf die Bourgeoisie, die sich bei der Vermögensberaubung der Kirche und des Adels außerordentlich bereichert hatte. Die auswärtige Politik wurde im Sinne Ludwigs XIV. fortgesetzt und endete mit vollständigem Fiasko und großen Schulden. Das Budget von 1810 hatte mit 628 Mill. M. balanciert, das von 1821 mit 734: gegen 1789 (mit 488 Mill.) war eine Erhöhung um 50 v. H., als Ergebnis der Revolution und des Kaiserreichs, eingetreten. Die Restauration und die folgenden Regierungen brachten die öffentliche parlamentarische Budgetberatung mit steigendem Einfluß der Kammern auf die ganzen Finanzen. Die Restauration endete 1829 mit einem Budget von 786 Mill. Mk., das Julikönigtum 1847 mit 1303 Mill. Mk. Ein Rückfall in das merkantilistische Schutzsystem, schon von Napoleon eingeführt, trat in steigendem Maße 1815—48 ein; eine große Steigerung der Finanzlast war die Folge des kaufmännisch spekulierenden Königs Louis Philipp und der Bourgeoisherrschaft von 1830—48.

Die Republik von 1848 versprach eine große Erleichterung der Finanzlast und vermehrte dann die Staatsschuld in vier Jahren von 3,9 auf 5,7 Milliarden Frcs., der demokratische Diktator Napoleon III. auf 8,7. Unter seiner Leitung, die einen großen Aufschwung der Volkswirtschaft durch liberale Handelspolitik, Verkehrsförderung und große Bauten, eine Steigerung der Macht durch die kurzen glücklichen Kriege von 1854 und 1859 herbeiführte, stieg das Budget auf über 2 Milliarden Franken = 1600 Mill. Mk. Aber die Steigerung war doch mäßig gegen die der dritten Republik, wobei freilich die Kosten der großen Katastrophe von 1870/71 nicht ihr, sondern Napoleon zur Last fallen. Auf den Kopf der Bevölkerung berechnet sich die Budgetlast: 1789 18,7, 1869 46, 1892 73, 1906 77 Mk. Das Budget hatte schon 1872 600 Mill. Franken mehr als 1869 betragen; 1879 bis 1883 überstieg es mit den außerordentlichen Krediten die dritte Milliarde, 1906 erreichte es 3700 Mill. Franken = 2960 Mill. Mk. Schon 1869—1891 waren die Jahreskredite für die öffentliche Schuld von 498 auf 1300, die für Heer und Marine von 574 auf 929 Mill. Franken gestiegen. Die französische Staatsschuld ist von 1870 bis 1893 von 8,7 auf 24, bis 1906 auf 30 Milliarden Franken (24 Milliarden Mk.) gestiegen.

Frankreich ist der verschuldetste Staat unter den großen Mächten. Man wird dem Volke eine gewisse Bewunderung nicht versagen, daß es ohne Murren die steigende Steuerlast trug (1906 63 Mk. gegen

34 in Deutschland). Aber man wird auch nicht leugnen, daß sie bis an die Grenze des Erträglichen geht.

Freilich ist Frankreich im 19. Jahrhundert eines der reichsten Länder der Welt geworden; nirgends sonst kann der Staat so leicht und so billig Anleihen machen. Seine Landwirtschaft ist in guter sozialer Verfassung, ist in Hebung begriffen. Aber seine Industrie, seine Schiffahrt, sein Handel haben seit 1870 viel weniger als die seiner Nachbarn sich entwickelt. Frankreich ist ein Land der Bauern, der Kleinbürger, der sparsamen Rentner. Aber es wird auch heute noch von der Pariser haute finance volkswirtschaftlich und politisch gelenkt, obwohl es sich seit 1870 so gern und so oft seiner demokratischen Einrichtungen rühmt. Der Gott der Regierenden ist auch heute noch der Reichtum. Enrichissez-vous ist heute die Losung der obern Klassen in den großen Städten, wie unter Napoleon III. und wie unter Mazarin.

Die drei monarchischen Regierungen von 1814—1848 und 1851 bis 1870 werden heute bei jeder Budgetberatung für alles Übel verantwortlich gemacht, die Grundsätze von 1789 und die demokratische Republik in den Himmel erhoben. Gewiß haben jene drei Monarchien viel gefehlt und hat die Republik seit 1870 manchen Fortschritt gebracht, der früher nicht möglich war. Es war nach den jahrhundertelangen Sünden der Monarchie 1870 und bis heute nichts anderes möglich als die Republik. Aber die beiden Regierungen der Familie Napoleon haben doch mehr volkswirtschaftlichen und finanziellen Fortschritt geschaffen, als die dritte Republik. Frankreichs Wohlstand stieg 1795—1870 relativ mehr, als seither. Napoleons III. Handelspolitik hat Frankreich mehr gehoben, als die der Republik. Nur die **Ausdehnung der Kolonialherrschaft** kann die Republik als ihre große volkswirtschaftliche Tat in Anspruch nehmen.

Sie hat freilich auch zu der ungeheuerlichen Budgetsteigerung von 1870 bis heute beigetragen; eine Hauptursache der Steigerung von 1870—78 war natürlich die Sanierung der Katastrophe von 1870, die Napoleon zu verantworten hat. Aber die Schulden, die Defizits, die Steuern, die Budgetzahlen sind seit 1879 fast noch mehr gestiegen als 1870—79. In erster Linie durch die enorme Steigerung der kriegerischen Rüstungen, die eine richtige auswärtige Politik in der Hauptsache hätte vermeiden können, wenn die Führer der Republik so klug gewesen wären, wie Preußen 1814—60, d. h. eingesehen hätten, daß jedes Volk nach großen Katastrophen einmal zwei Menschenalter Frieden braucht. Außerdem aber trifft die Verantwortung für die enorme Verschuldung und Steuerlast recht eigentlich die republikanische Staatsmaschine. Es fehlt Frankreich eine politische Aristokratie, wie sie England besitzt, Venedig besaß, und wie sie grade auch eine demokratische Republik braucht, um das Staatsschiff in festen, sichern, gleichmäßigen Bahnen zu halten. Das Volk ist noch in keiner Weise reif für die Republik und die Demokratie. Es fehlt die Stetigkeit der Leitung; die Ministerien fallen wie die Kartenhäuser, oft in einem Jahre 2 bis 4 mal um. Die Popularitätssucht der Regierenden ist viel zu groß; Minister und Parlament sind von den Tagesstimmungen, vor allem der Pariser Boulevards, abhängig. Die Finanzminister sind Bankiers, große Fabrikanten, Geschäftspolitiker mehr als Staatsmänner. Dabei sind im Steuerwesen, in der Aufstellung des Budgets, wie in vielen andern Gebieten in den letzten 18 Jahren gewiß zahlreiche kleine Fortschritte gemacht worden. Aber zu Großem fehlte immer die Kraft; das Parteigezänke, der persönliche Ehrgeiz, der ruhelose Kampf um die Ministerstühle ließen es nicht zu großen Reformen kommen. Die reichen Leute gehörig zu besteuern, dazu fand man keine Majoritäten. Als Freycinet die Staatsbahnen ausdehnen, durch große staatliche Kanalbauten und Ähnliches der Volkswirtschaft einen großen Aufschwung geben wollte, da versagten die Kammern, das Beamtentum, die haute finance, die öffentliche Meinung. Der große Plan endete mit jahrelangen Defizits von je einer halben Milliarde, ja mit Verträgen, die den großen Eisenbahngesellschaften für absehbare Zeit jährliche Zuschüsse von 100 und mehr Millionen Franken brachten. Man mußte froh sein, als die Zersplitterung des Etats in zahlreiche Sonderbudgets, das riesenhafte Anwachsen der schwebenden Schuld und die andern finanziellen Mißstände aus der Zeit von 1870—90 endlich in den 90er Jahren wieder gut gemacht wurden.

Nochmal eine Katastrophe wie 1870 und nochmal 40 Jahre solch demokratischer Finanzwirtschaft wie die letzten könnte Frankreich schwer aushalten. Hoffen wir, daß Frankreich sich nicht nochmal, diesmal durch seine Anglomanie, zu einem deutschen Kriege verführen läßt. Hoffen wir, daß die weitsichtigeren und edleren Elemente der demokratischen Republik die gesellschaftlichen und Verwaltungs-Institutionen so weiterbilden, vor allem eine gerechte und große Finanzreform — trotz dem Einfluß der Geldaristokratie — so durchsetzen werden, daß im 20. Jahrhundert das schöne, reiche, alte Kulturland ohne soziale Revolution und ohne Kriegsabenteuer sich seiner hohen Mission unter den europäischen Völkern ganz hingeben könne.

III. Österreich-Ungarn.

Deutschland war in dem Zeitalter von den sächsischen bis zu den schwäbischen Kaisern durch die Verbindung von Kaiser und Kirche und durch seine wohlausgebildete Lehns-, Ministerial- und sonstige Naturalverfassung ein großes, mächtiges Gemeinwesen. Aber es fand den Übergang zu einer geldwirtschaftlichen zentralisierten Monarchie nicht, wie Frankreich. Mögen der Kampf mit der Kirche, die versuchte Herrschaft über Italien, die geringeren Fortschritte der Geldwirtschaft im Innern Deutschlands und manches andere daran schuld sein; am sichtbarsten ist doch wohl die Unfähigkeit des immer schwächer werdenden Wahlkönigtums, die zahlreichen Anfänge eines Reichsgeldsteuersystems, wie sie von 1100—1600 dauern, festzuhalten und weiterauszubilden.

Schon die schwäbischen Kaiser hatten wesentlich mit ihrem Hausgut, nicht mit Reichsgut und Reichssteuern gewirtschaftet. Das Reichsgut, wie das staufische Hausgut wurde 1200—1400 verpfändet und verkauft. Unter Karl IV. waren nur noch Trümmer vom Reichsgut vorhanden, und doch konnte er während seiner Regierung noch für etwa 20 Mill. heutiger Mark davon verpfänden. Wenn Heinrich VII. es auf 1,9 Mill. heutiger Mark, Karl IV. auf 3 Mill. jährlicher Ausgaben brachte, so stammten diese Beträge wesentlich aus ihren Territorien, ihrem Hausgut. Die Zukunft Deutschlands beruhte, nachdem die Städte den Territorialfürsten unterlegen waren, auf diesen, und unter ihnen standen zunächst die Habsburger voran, die zu den schwäbisch-rheinischen Vorlanden und zu Österreich die Steiermark und Kärnten, bald auch Tirol erworben hatten und Ende des 15. Jahrhunderts Burgund mit den Niederlanden und die große spanische Erbschaft hinzufügten. Ein Weltreich unter Karl V., aber so sehr ohne innere Einheit, daß schon zu seinen Lebzeiten die deutschen Erblande auf seinen Bruder Ferdinand übergingen. Indem die deutschen Habsburger dann Böhmen, Schlesien, Mähren und Ungarn hinzuerwarben, entstand zwar zunächst auch nur eine Personalunion, ein zusammengesetzter Territorialstaat, dessen Herrscherhaus und Reich aber durch den fast dreihundertjährigen Besitz der deutschen Kaiserkrone einen hellen Glanz, durch die Nachbarschaft Italiens reiche Kultureinflüsse, durch den bald einsetzenden Kampf gegen die Überflutung Europas durch die Türken eine große welthistorische, zentralisierende Aufgabe erhielten. Die großen, Österreich gestellten Probleme wären vielleicht durch die Kräfte der Länder und durch den Einfluß auf Deutschland zu lösen gewesen, wenn die Habsburger nicht zugleich weiteren, fernliegenden Zielen nachgestrebt hätten, die nur dynastisch einerseits, kirchenpolitisch und durch die italienisch-spanischen Einflüsse anderseits zu erklären sind. Man wollte die spanisch-habsburgischen Lande und Kolonien oder wenigstens einen Teil derselben beim Erlöschen der dortigen verwandten Linie Anfang des 18. Jahrhunderts erwerben, was eine viel zu große Aufgabe war und Deutsch-Österreich von seinen nahen Aufgaben ablenkte. Man stellte sich schon im 16., noch mehr im 17. Jahrhundert — statt Protestanten und Katholiken zu versöhnen und dadurch sich die Herrschaft in Deutschland zu sichern — auf den Boden einer borniert italienisch-spanisch katholischen Reaktion, vollzog damit die geistige Trennung von Deutschland, vernichtete zugleich das, was in den Ländern an guten ständischen Einrichtungen war; man vertrieb damit den protestantischen Adel und das protestantische Bürgertum, verlor immer wieder für lange die Gesichtspunkte der wahren österreichischen Länderinteressen aus dem Auge.

Und trotz alledem hat Österreich große Aufschwungsperioden bis 1800 erlebt; es wurde zu einer europäischen Macht ersten Ranges, die lange mehr galt, als ihren innern Kräften entsprach. Diese glänzenden Epochen waren 1. die im 16. Jahrhundert von Maximilian I. bis gegen 1600; 2. die der Niederwerfung der Türken und der großen Eroberungen und Neuerwerbungen 1680—1718, die Österreich seinen höchsten Territorialumfang verschafften, und 3. die unter Maria Theresia und Josef II., die dem Kaiserstaate zwar Verluste und Niederlagen, aber große innere Fortschritte brachten. Alle drei Perioden zeigen, welche innere und äußere Notwendigkeiten für die Ausbildung des Kaiserstaates tätig waren. Und sie hätten noch mehr gewirkt, wenn nicht die Ausbildung der Finanzen lange eine so unvollkommne geblieben wäre; ihre Rückständigkeit hing allerdings mit der losen Gliederung der Länder zusammen. Wir geben zunächst, wie im letzten Artikel über Frankreich, so hier über Österreich eine summarische Finanzübersicht von 1507—1800 in heutigem deutschen Gelde, die auf venetianischen Angaben und hauptsächlich auf D'Elvert („Zur österreichischen Finanzgeschichte", 1881) beruht. Die späteren Angaben über die österreichischen Finanzen des 19. Jahrhunderts sind hauptsächlich den Schriften von A. Beer entnommen. Die Einnahmen und Ausgaben balancierten unter den folgenden Kaisern etwa so:

unter		Mill. Mk.	bei etwa Mill. Seelen	also pro Kopf etwas über
Kaiser Maximilian I.	1507	6,5	4—5	1,0 Mk.
Ferdinand I.	1566	8—9	etwa 7,0	1,2 =
Ferdinand II.	1624	17,0	8,0	2,1 =
Leopold I.	1700	39,2	16,0	2,45 =
Karl VI.	1718—30	100,0	20,0	5,0 =
Maria Theresia	1740	50,0	16,0	3,1 =
= =	1756	119,7	16,0	7,5 =
Josef II.	1781	131,9	19,0	fast 7,0 =
=	1790	228,0	19,0	12,0 =
Franz I.	1792—98	{ 268,0 Ausgabe 150,0 Einnahme	} 25,8 {	10,4 = 6,0 =

Vor Maximilian I. ist eigentlich nur Herzog Rudolf IV. im 14. Jahrhundert als großer österreichischer, halb moderner Finanz- und Wirtschaftspolitiker, als Erwerber Tirols, als Begründer der österreichischen Monarchie zu nennen. Maximilian I. bleibt der Ruhm, die burgundischen Verwaltungseinrichtungen auf die österreichischen Erblande übertragen zu haben; sein Sohn Ferdinand I. hat in den meisten Ländern dieses Werk der Verwaltungsorganisation vollendet, sich mit den Ständen auseinandergesetzt und einheitliche Landessteuern sowie mancherlei indirekte Steuern, auch Landesgrenzzölle geschaffen. Mit seinem Tode wurden die Lande geteilt bis 1619; es begannen die Türkenkriege, die innere Stagnation. Eine Mehrzahl übergroßer, nach dem burgundisch-spanischen Vorbilde eingerichteter fürstlicher Haushaltungen, eine rasch zunehmende Verpfändung der landesherrlichen Ämter und Mauten, maßlos angeschwollene Zahlungsrückstände, daneben steigende Übernahme von Schulden durch die ständischen Landesverwaltungen charakterisieren die Zeit von Ferdinand I. bis 1620. Maximilian II. hinterläßt 1576 12 Mill. Gulden Schulden; 1617 beziffert Dohna die kaiserlichen Schulden auf 25 Mill. Gulden = 85 Mill. Mk. In den Jahren 1600—1628 war Österreich mehr oder weniger bankrott, sagt D'Elvert. Mit Ferdinand II. setzt die kirchliche Reaktion, die Vertreibung der Protestanten ein; Österreich erreicht dafür aber im Dreißigjährigen Kriege nichts als den status quo ante. Die Leere seiner Kassen, die steigende Verschuldung, die Abhängigkeit von den selbständigen Generalen, wie Wallenstein, bringen Österreich um jeden Erfolg. Auch in der langen Regierungszeit Leopolds I. (1657 bis 1705) sind die finanziellen Verhältnisse lange sehr schlechte: Große Veruntreuungen beim Militär, dem Hofe, der Oper sind nicht auszurotten; der Hofkammerpräsident Zinsendorf wird zu 1,97 Mill.

Gulden Strafe verurteilt. Und doch ist es die Zeit von 1680—1718, in welcher der österreichische Staat zu einer Größe von über 0,5 Mill. Geviert-Km. und 20 Mill. Seelen und zu einer reinen Staatseinnahme von gegen 100 Mill. Mk. steigt. Die Friedensschlüsse von 1699, 1714, 1718 haben reiche Früchte nach Ost und West eingebracht. Die Türken waren aus Ungarn vertrieben; Ungarn war 1687 österreichisches Erbreich geworden; der österreichische Doppeladler herrschte über Siebenbürgen, die Moldau, die Walachei, Slawonien. Mochten also auch die Türkenkriege 1683—1740 486 Mill. Gulden (etwa 1 Milliarde d. M.) gekostet haben, dafür waren anderseits die reichen Provinzen Neapel, Sizilien, Mailand, die belgischen Niederlande erworben. Seinen großen Feldherren, hauptsächlich Prinz Eugen, dankt Österreich die außerordentliche und finanziell sehr vorteilhafte Vergrößerung seiner Lande. Nur schade, daß das Kriegsglück nicht weiter anhielt, und daß der äußeren Vergrößerung nicht die innere Verbindung entsprach. Was vorher schon Österreichs Schwäche ausgemacht, die Zusammenhangslosigkeit seiner Lande, der Sprachen- und Rassengegensatz, der Kulturunterschied seiner Völker, war noch wesentlich vermehrt, die Angriffsflächen waren gesteigert. Nur große innere Reformen, große Fortschritte im Finanzwesen hätten das Reich zusammenhalten können. Diese fehlten aber ganz; Neapel, Sizilien, Serbien, die Walachei gingen bald wieder verloren. Die Schulden waren von 22 Mill. Gulden (1700) auf etwa 60 (= etwa 150 Mill. Mk.) 1740 gestiegen. Die Armee hatte man von 160000 auf 80000 Mann reduziert. Der ganze Staat war innerlich aufgelöst, als Karl VI. in dem Wahne starb, er habe durch die pragmatische Sanktion und deren Garantie durch die Mächte seiner Tochter Maria Theresia das habsburgische Erbe gesichert.

Es folgte von 1740 an der Kampf mit Preußen um Schlesien, der französisch-bayerische Angriff, das Ringen um die Kaiserkrone, der Versuch einer österreichisch-französisch-russischen Koalition gegen Preußen. Der Siebenjährige Krieg kostete (nach Beer) Österreich 260 Mill. Gulden (5—600 Mill. Mk.), wovon 167 durch Kredit aufgebracht wurden. Er war umsonst. Österreich mußte nachgeben, weil seine Mittel erschöpft waren, Friedrich noch die Gelder für mehr als einen Feldzug in seiner Kasse hatte. Und doch, was hatte die Kaiserin erreicht: große soziale, agrarische, gewerbliche Reformen, die größten Fortschritte in den ländlichen Vermögenssteuern (gute Kataster, teilweise Aufhebung der abligen Steuerfreiheit, größere

Gleichmäßigkeit in der Heranziehung der Länder), größere Erträglichkeit der indirekten Steuern, große militärische Reformen, große handelspolitische Fortschritte. Schon 1756 waren die Staatseinnahmen gegenüber 1720—36 wesentlich erhöht, gegenüber 1740 verdoppelt; 1781 standen sie gegen 1740 fast um 87 Mill., 1791 um 178 Mill. Mk. höher. Die Vergrößerung des Staats unter ihrem Vater hatte die Macht Österreichs mehr gemindert, die Verkleinerung unter Maria Theresia hatte die Macht erhöht, weil trotz der Kriege die Finanzen so sehr viel besser geworden waren.

Die Finanzreformen unter Maria Theresia gehören zu den großartigsten, die der österreichische Staat erlebt hat. Mochten die Staatsschulden 1767 auf 259 Mill., 1790 auf 370 Mill. Gulden stehen, die finanzielle Kraft des Staats war doch 1781 und 1790 viel größer als 1740, obwohl Josef II., manches überstürzend, mit der Defizitwirtschaft begonnen hatte. Wenn sein Nachfolger, Leopold II., der vorher das Großherzogtum Florenz so glänzend reformiert und wirtschaftlich emporgebracht hatte, länger als bloß noch zwei Jahre gelebt hätte, so hätte die ganze weitere Geschichte Österreichs sich wohl anders gestaltet.

Die Zeit 1793—1848 ist die politische und finanzielle Unglückszeit Österreichs, die Zeit der Papiergeldwirtschaft, des Staatsbankrotts, die Vergeudung der Staatsmittel für Velleitäten, die vielleicht psychologisch und historisch verständlich gemacht werden können, aber jedenfalls Österreich ruinierten. Schon der erste Krieg gegen Frankreich 1793—98 war ein großer Mißgriff; er steigerte das Defizit auf jährlich 60—90 Mill. Gulden, die Staatsschuld auf 572 Mill. Gulden, den Papiergeldumlauf von 27 auf 92 Mill. Gulden. Bis 1810 waren 1436 Mill. Gulden Papier im Umlauf; der Staatsbankrott trat 1811 ein. Auch für Österreich können wir die weitere Finanzgeschichte nur mit ein paar Strichen andeuten.

Ein geordnetes zentralistisches Beamtenregiment war für Österreich von 1814—48 nicht falsch. Aber es mußte rasch die Verwaltungs-, Finanz-, Zoll- und Steuereinheit der Monarchie herstellen, und die wirtschaftliche Hebung der Länder, wie sie 1740—90 begonnen hatte, wie man sie in Preußen von 1814—48 mit Energie verfolgte, betreiben. Statt dessen nur Stagnation, Erhaltung des Bestehenden, auch des Verrottetsten, Verkümmerung aller finanziellen Reformanläufe durch stumpfsinnige auswärtige oder innere Politik. Einer der besten und kräftigsten Finanzminister, die Österreich je gehabt, Graf Stadion, hatte noch 1816 die österreichische Staatsbank gegründet, das Defizit bis auf 8 Mill. Gulden (1821) herabgemindert, den größten Teil des Papiergeldes eingelöst, da machte die um falscher konservativer Prinzipien willen beschlossene militärische Intervention in Neapel und Sardinien die Hoffnung auf geordnete Finanzen wieder zunichte. Stadion starb im folgenden Jahr. Keiner seiner Nachfolger bis 1848 erreichte ihn. Im letzten Jahre der alten Politik, 1847, waren die Einnahmen nach Beer 150 Mill. Gulden, die Ausgaben 208 Mill., also das Defizit 58 Mill. Gulden. Die Einnahmen also etwa 300 Mill. Mk., die Ausgaben über 400. Die indirekten Steuern, hauptsächlich die Monopole, waren wohl im Ertrage gestiegen, teilweise auch die direkten, aber der Staatsaufwand ebenso, das Defizit war nicht gewichen. Wenn 1848 die Monarchie so zusammenbrach, daß nur in Radetzkys Lager noch der Doppeladler herrschte, wenn Ungarn durch die Russen wieder erobert werden mußte, so war die Hauptursache die finanzielle Schwäche.

Die zentralistisch-bureaukratische Neuordnung des Staats von 1849 an kam 30—50 Jahre zu spät. Sie brachte zwar die Zolleinheit für die österreichisch-ungarischen Länder, die Bauernbefreiung, manche Steuer- und Wirtschaftsreform, aber sie vermochte die Papiergeldwirtschaft lange nicht zu beseitigen, das Defizit nicht zu beschwören; es betrug 1852 53 Mill. Gulden, 1855 165 Mill. Gulden; es machte die Teilnahme Österreichs am orientalischen Kriege unmöglich und führte zur Verhökerung großer österreichischer Staatsbahnen an französische Gesellschaften und zum überstürzten Domänenverkauf. Auch Brucks Finanztalent wurde über die Defizits nicht Herr (1856 95, 1858 75 Mill. Gulden). Der Wiederaufnahme der Barzahlung war man nahe, als der französisch-italienische Krieg 1859 ausbrach und diese Hoffnung wieder zerstörte, die Finanzen aufs neue zerrüttete. Nicht die Niederlage bei Solferino war dabei für den österreichischen Staat das Schlimmste, sondern eben die Finanzlage, welche zum überstürzten Frieden und zur Abtretung der Lombardei nötigte.

Nun sollte eine konstitutionelle Regierung rasch helfen, sie war 1860—65 nicht imstande dazu. Die Finanzlage blieb schlecht, die Heeresausgaben unerschwinglich; man mußte die Verfassung sistieren, die Bergwerke von Wieliczka verpfänden; von 1865—67 hatte das Sistierungsministerium die Schulden wieder um 245 Mill. Gulden vermehrt; den englischen, für Österreich ungünstigen Handelsvertrag schloß man nur ab, weil man auf ein englisches Anlehn rechnete. Die zwei harten Schläge für Österreich, die Niederlage von 1866 und der ungarische Ausgleich von 1867 (d. h. die Aufhebung der Einheit der Monarchie) sind nicht allein, aber wesentlich mit durch die verzweifelte finanzielle Lage des Staats herbeigeführt worden.

Seither haben die beiden Reichshälften, von welchen Ungarn immer heftiger zur vollen Selbständigkeit drängt, sich leidlich in die konstitutionelle Regierungsweise und Budgetverwilligung eingelebt. Eine vorsichtige auswärtige Politik und der Dreibund haben weitere Katastrophen verhindert, ja eine Ausdehnung des Reichs auf der Balkanhalbinsel gebracht. Die moderne Technik, die Eisenbahnen, die großen allgemeinen Aufschwungsperioden haben einen Wohlstand erzeugt, wie ihn die österreichischen Länder früher nie hatten. Unter dieser Gunst der Verhältnisse gelangen auch wichtige Steuerreformen, die Beseitigung der Papiergeldwirtschaft und des Defizits, eine große Erhöhung der Staatseinnahme und Staatsausgabe.

Österreichs-Ungarns Gesamtbudget balancierte 1820—30 mit 332 Mill. Mk. (Malchus gibt 1822 260 Mill. Mk., offenbar als Nettobudget), 1852 mit 494 (Reden), 1862 mit 914 (Czörnig), 1884—85 mit 1698, 1906 mit 2643, ohne den gemeinsamen Etat, der keine eigenen Einnahmen hat. Natürlich sind diese Zahlen weder unter sich direkt vergleichbar, noch mit den oben angeführten vor 1800. Das Nettobudget hat sich in ein Bruttobudget verwandelt, das vollends seit der Epoche der Staatsbahnen große Betriebskosten enthält. Aber sie deuten doch an, wie die Finanzen angewachsen, die Steuerbelastung gestiegen ist. Kamen im 18. Jahrhundert 7 bis 10 Mk. auf den Kopf (wohl gegen 10 bis 14, wenn sie als Bruttobudget berechnet wären), so stieg die Kopfzahl 1862 auf 26, 1882 auf 40 und jetzt (1906) auf 58 Mk. (wovon 35 Mk. auf Steuern fallen). Mag der Reichtum 1750 bis 1900 gestiegen sein, wie 1 : 2 oder 3, die Staatsansprüche sind noch stärker gewachsen, sie sind nur erträglicher, weil sie gerechter als früher verteilt sind. Sie wären noch erträglicher, wenn nicht die deutsch-slawischen Lande noch heute, wie seit Jahrhunderten, so unverhältnismäßig mehr wie Ungarn zahlen müßten.

Immerhin ist heute Österreich-Ungarn in sehr viel besserer finanzieller Lage als 1793—1870. Es wird heute durch den Nationalitätenhader geschwächt. Aber dieser fehlt auch anderwärts nicht ganz. Er ist das natürliche Ergebnis des sich hebenden Bewußtseins, der sich steigernden Bildung der kleinen Stämme und Sprachgebiete, die für eigne Staaten viel zu schwach und viel zu wenig geographisch konzentriert sind und doch ihre Sprache und Literatur, ihre eignen

Interessen heben und ausbilden wollen. Sie müssen sich zuletzt in dem großen Staatsganzen vertragen, der Gesamtleitung unterordnen lernen. Die staatliche Selbständigkeit würde sie vernichten. Jeder kräftige und kühne künftige Beherrscher Österreich-Ungarns wird dem Ziele der Versöhnung näherkommen und zwar um so rascher und leichter, je bessere Finanzen er überkommt oder herzustellen weiß.

IV. England.

Vom Staate der ersten normannischen Könige in England sagt Gneist: „Die Finanzhoheit ist die Grundlage dauernder Ämter und Amtseinrichtungen geworden. Das Schatzamt ist die wichtigste Reichsbehörde, der wichtigste Teil der Curia regis, die einzig fest organisierte Behörde." Auf der so fest organisierten Lehnsverfassung und der übrigen persönlichen und Naturalleistungen der Untertanen beruhte die Kraft dieses Staates, der vom 12. bis ins 15. Jahrhundert sich einen großen Teil Frankreichs unterwarf. Die Überspannung der königlichen Gewalt ließ seit dem 13. Jahrhundert das Unterhaus als geldbewilligende Vertretung der Städte und Grafschaften entstehen, mit dem dann die drei Eduarde (1272—1377) eine große reichsständische Gesetzgebung schufen. Aber die frühe Ablösung der alten Lehns- und sonstigen Naturalverfassung, die französischen Kriege, die Verschleuderung der Domänen, die Thronstreitigkeiten, die rohe Entartung der Adelsfraktionen in den Kriegen der weißen und roten Rose warfen die Macht und den Wohlstand des Landes dann zurück, vernichteten seine Seemacht, brachten England in Abhängigkeit von den Hansen und italienischen Kaufleuten, von deren Joch sie dann das Haus Tudor befreite.

Heinrich VII., der erste Tudor (1485—1509), stellte ein großes königliches Domanium wieder her, suchte die Lehnshoheit wieder fiskalisch auszunutzen, verstand als ein sparsamer Haushalter in 24 jähriger Regierungszeit das Parlament nur 4—5 mal um Beisteuern zu bitten, steigerte die Regalien und Hoheitsrechte bis zum Äußersten und hinterließ einen Staatsschatz von 36 Mill. heutiger Mark. Sein Sohn, Heinrich VIII. (1509—1547), setzte die monarchisch fiskalischen Tendenzen seines Vaters fort; von ihnen beiden und ihren Nachfolgern bis einschließlich der Königin Elisabeth stammen die Anfänge der modernen Wirtschaftspolitik und der modernen geldwirtschaftlichen Finanz Englands. Wir faßten, wie in den letzten Artikeln, die Entwicklung dieser Finanz von 1500 bis 1817 in der folgenden summarischen Übersicht, die durchschnittlichen Jahresausgaben im heutigen deutschen Gelde, zusammen. In den Durchschnitten von 1739 an stecken für die Kriegsepochen zugleich die großen Kriegsausgaben. Die Grundlage der Zahlen bilden die Werke von Dowell, Cunningham, Vocke usw., die für das 19. Jahrhundert sind hauptsächlich Burton (Finance and Politics 2 vol. 1888) und den Schriften von R. Giffen entnommen.

Das Jahresbudget betrug etwa unter:

	Mill. Mk.	Bevölkerung etwa	also pro Kopf Mk.
Heinrich VIII.	8	2,5	3,2
Elisabeth	10	3,5	2,8
Cromwell	40—60	4,0	10—15
Königin Anna	170	5,5	30
in den Jahren 1739—1748	251	6,5	38
" " " 1755—1763	467	7,0	66
" " " 1776—1786	496	8,0	62
" " " 1787—1793	338	9,0	37
" " " 1794—1817	1427 { England allein mit Schottland und Irland }	9,1 / 16,0	156 / 89

Von Heinrich VIII. bis zu Cromwell erklärt das Sinken des Geldwerts einen Teil des wachsenden Budgets, aber doch lange nicht die Hälfte. Die Hauptsteuer war die Polltaxe, eine Art Klassensteuer von ursprünglich (1377) 4 d. bis 6 Lstrl. für das Familienhaupt, 1641 von 6 Sh. bis 100 Lstrl.; daneben bestand die selten erhobene sogenannte Subsidie (Fünfzehnter), eine Vermögenssteuer von Grund und Boden und beweglichem Besitz. Die Staatsschulden spielten bis 1640 noch keine große Rolle; die indirekten Steuern, die Akzisen, erst seit den Stuarts. Diese wollten in der ersten Hälfte des siebzehnten Jahrhunderts eine Art aufgeklärten Despotismus unter Zurückdrängung des Parlaments, wie auf dem Kontinent, durchführen. Sie fielen darüber; aber die erste Revolution und Cromwell setzten Akzisen von ganz anderer Höhe durch, als vorher die Stuarts. Wie Cromwell die Navigationsakte erließ, um Holland seinen Handel teilweise zu nehmen, so begründete er die englische Herrschaft in Westindien, vollendete mit eiserner Gewalt die Unterwerfung Irlands. Als die Stuarts 1660 zurückkehrten, war der Grund zum Kolonialreich und zu einem ausgiebigen System von direkten und indirekten Steuern gelegt. Die Revolution von 1689 vollendete die Parlamentsherrschaft und die Parteiregierung. Die whigistische Partei (die ganz großen Adelsfamilien und die Stadtinteressen) verstand es, das System der Kolonialherrschaft, der egoistisch-nationalen Schiffahrtsgesetze, des industriell-agrarischen Schutzzolles von 1660—1750 zu vollenden. Die ungeheuern Finanzleistungen Englands von 1650—1815 beruhen auf dem rasch sich hebenden Reichtum des Landes; dieser selbst aber war die Folge der Handelspolitik, der See- und Kolonialherrschaft. Beides wäre unmöglich gewesen, wenn nicht hinter den guten, wie hinter den schlechten Regierungen der Epoche, die stark entwickelten Nationalinteressen, die Teilnahme des ganzen Volkes gestanden hätten. Diese geistigen Potenzen wieder hätten sich nicht entwickelt ohne Parlament und ohne freie Selbstverwaltung, ohne eine große Aristokratie, deren Häupter mehr und mehr den meist unfähigen, vielfach fremden Königen die Staatsleitung abnahmen.

Die zwei Instrumente der englischen Finanz von 1660 an waren die Steuern und die Schulden. Die direkten älteren und späten Steuern haben nie wie auf dem Kontinent eine Befreiung des Adels gekannt; er zahlte in Staat und Gemeinde wie der letzte Bauer. Die alten Polltaxen und Subsidien hat das 17. Jahrhundert, hauptsächlich Cromwell und König Wilhelm, in der großen Kriegszeit gerechter fortgebildet zur Landtaxe, der Haus- und Fenstertaxe, zur Taxe auf Gehalte und Ragialrenten, wozu noch Taxen auf Geburt, Eheschließung, Todesfall und Junggesellentum kamen. Sir Robert Walpole hat sein Ziel (1733), die direkten Steuern so ziemlich ganz zu beseitigen, so wenig erreicht wie Bismarck später. Und der große Pitt hat dann sein Volk 1797 erst zu einer Vermögenssteuer, dann 1799 zu einer 10 prozentigen Einkommensteuer fortgerissen. Das neuere System indirekter Steuern (Akzisen), hauptsächlich auf Lebensmittel, versuchte Karl I. zu begründen. Cromwell führte es durch, erzielte damit schon 10 Mill. Mk.; Wilhelm von Oranien steigerte es, im spanischen Erbfolgekrieg trugen die Akzisen bereits 32 Mill. Mk. und erreichten ihren fast kaum noch erträglichen Höhepunkt im Kampf gegen Napoleon. Wohl war so die indirekte Steuer von 1700—1870 (noch 1830 gab sie 400 Mill. Mk.) im Klasseninteresse der Besitzenden übermäßig, vexatorisch bis zur Unerträglichkeit ausgebildet. Aber alle großen englischen Staatsmänner haben daneben doch auch für die direkten Steuern gekämpft. Von einem so elenden, ungerechten Steuersystem, wie in Frankreich, war nie die Rede, nie von einer prinzipiellen Steuerfreiheit des Adels und der Reichen, die schon in den Polltaxen ganz anders herangezogen waren als in der preußischen Klassensteuer 1821—51, welche einst Kaiser Wilhelm als Prinz eben deshalb so angegriffen hat. Es geht doch auch durch dieses ältere englische Steuerwesen ein Zug großer männlicher Gerechtigkeit und hingebenden Patriotismus der obern sozialen Schichten.

Aber alle großen Erfolge in der Politik, in den Kriegen, im Kolonialerwerb, in der Vernichtung fremder Handelsmarinen hat England doch nur erreicht durch sein staatliches Kreditwesen, das es in umfangreicherer Weise ausgebildet hat als alle andern Nationen; man hat in England seit 1689 die Staatsschulden nie durch Staatsbankrotte herabgesetzt, wie in so vielen andern Staaten.

Nachdem die Stuarts das von den Tudors wiederhergestellte Domanium wieder veräußert hatten, begann ein mäßiges Anwachsen der Staatsschulden von 1660—1689, ein gewaltiges dann aber in der langen schweren Kriegszeit von 1689—1697 und von 1701—1714. Die beiden großen Kriege, hauptsächlich der spanische Erbfolgekrieg, entschieden aber das Schicksal der europäischen Staaten; Frankreich wurde von seiner Höhe gestürzt, Spanien wichtiger Außenländer beraubt, England war 1714 unendlich reicher und mächtiger als 1689. Aber die Kriegskosten hatten auch für England 652 und 1014 Mill. Mk., die Schuldenvermehrung 290 und 430 Mill. Mk. betragen. Ich füge gleich, nach Dowell, bei a. was die folgenden großen Kriege kosteten, und b. wie sie die Staatsschulden vermehrten:

	a.	b.
Krieg gegen Österreich und Spanien 1739—48	874 Mill. und	584 Mill Mk.
Siebenjähriger Krieg 1756—63	1 652 =	1 192 = =
Amerikanischer Unabhängigkeitskrieg 1776—83	1 952 =	= 2 346 = =
Französisch-kontinentale Kriege 1793—1815	16 630 =	» 10 058 = =

(darunter 1106 Mill. Mk. Subsidien an die Verbündeten).

Die 100 Tage der Napoleonischen Rückkehr allein hatten England 100 Mill. Lstrl. = 2000 Mill. Mk. gekostet. Es handelt sich um die größten finanziellen Leistungen, die je einem Volke gelangen. Von 1688—1817 (in 130 Jahren) gab England jährlich durchschnittlich 177 Mill. Mk. für Kriege aus, zusammen 22,7 Milliarden Mark; Kant nennt nicht umsonst England den gewaltsamsten, kriegerregendsten Staat. Seine Staatsschuld betrug 1817 17,2 Milliarden Mark; ihre Verzinsung kostete 653 Mill., während sie unter König Wilhelm erst 25,2, unter Georg III. 1760 166,2 Mill. erfordert hatte. Aber dafür hatte das Königreich Napoleon und Frankreich niedergeworfen, den andern Staaten ihre Marine vernichtet, ihre Kolonien zum großen Teil genommen. Das englische Volk hatte die Riesensummen aufgebracht, weil es reich genug war und in der

auf Kosten der ganzen übrigen Staatenwelt erreichten Welthandels=
herrschaft eine gute Kapitalanlage sah. Die reichen Whigfamilien
waren immer für Krieg und Schuldenmachen gewesen; sie ließen sich
z. B. 1797—1800 für 100 Mill. Lstrl. Kapital verschreiben und
zahlten dafür nur 50 ein. Die regierende Klasse war patriotisch,
aber der Patriotismus machte sich auch gut bezahlt bei ihnen.

Unter den Fürsten und Staatsmännern, die das englische
Finanz= und Kreditgebäude aufgeführt hatten, waren nicht alle
große Finanzleute; und selbst die größten, wie Pitt, irrten und
griffen im einzelnen fehl; Pitt schuf viele falsche indirekte Steuer=
arten. Eine falsche Kolonial= und Steuerpolitik hatte 1760 bis
zum Frieden von Versailles (1783) zum Verlust der Vereinigten
Staaten und von wichtigen Positionen im Mittelmeer geführt. Man
mußte einen demütigenden Frieden machen, weil man vor einem
Defizit von 10 Mill. Lstrl. stand, der Kredit erschöpft war; die
3prozentige Rente stand auf 56. Und dabei waren die Staatsausgaben
von Georg I. bis damals von 7 Mill. Lstrl. auf 17—30 gestiegen.
Aber die Führenden dieser Baumeister waren doch ganz große, ja
geniale, politische und finanzielle Kräfte, wie Elisabeth, Cromwell,
Wilhelm von Oranien, Pitt. Und Sir Robert Walpole, der viele
Sünden auf seinem Gewissen hat, die Bestechung des Parlaments
zum Grundsatz erhob, alle direkten Steuern beseitigen wollte, das
Hochschutzollsystem maßlos steigerte, durch zahlreiche Exportprämien
die Geschäftswelt korrumpierte, war doch auch in seiner Art ein
großes Finanztalent; er ermäßigte die Staatsschuld, konsolidierte
die Zollgesetze, schuf ein Menschenalter bedeutsamer wirtschaftlicher
Blüte. Ganz schlecht wurden die Finanzen erst 1750—83 geführt: Die Finanzlast verdoppelte sich fast, die Schuldenlast wuchs
maßlos.

Wenn es nicht dem Genie des jüngern Pitt gelungen wäre,
einem widerspenstigen Parlament seine großen Reformen (Konsoli=
dation aller Zollgesetze, Vereinfachung des Tarifs, Beseitigung des
Schmuggels, Reform der indischen Verwaltung, französischen Handels=
vertrag usw.) aufzunötigen, das Defizit zu beseitigen, so hätte Eng=
land 1793 (mit damals 15 Mill. Seelen, 4800 Mill. Mk. Schulden,
380 Mill. Mk. [19 Mill. Lstrl.] Staatseinnahmen) nicht den unge=
heuern Krieg gegen Napoleon so führen können, aus dem es nach
20 Jahren zwar schwer geprüft und finanziell furchtbar belastet, aber
doch als Sieger hervorging. Man weiß nicht, ob man Pitt mehr
über seine Friedensfinanz von 1783—1793 oder mehr über seine

Kriegsfinanz von 1793—1805 bewundern soll. Seine dem Vaterlande geopferte Gesundheit erhielt den Todesstoß durch die Nachricht vom Siege Napoleons bei Austerlitz. Er starb arm. —

Die Finanzen Englands blieben von 1805—1842 im ganzen schlecht verwaltet. Aber aus dem Geist und den Finanzmaximen Pitts gingen die Canning, Huskisson, Peel und Gladstone hervor, denen England seine heutige gute Finanzlage hauptsächlich dankt.

Die englische Finanzgeschichte des 19. Jahrhunderts zerfällt in drei klar geschiedne Epochen: 1. die von 1815—1842, die Zeit der Erholung vom großen Krieg unter einer schlechten Regierung der Torys bis 1830, einer schwächlichen, mittelmäßigen der Whigs bis 1842, einer Zeit der sparsamen Verwaltung und Ausgabenbeschränkung; 2. die von 1842—1878, die Zeit der großen Finanz- und Wirtschaftsreform, des Sieges der liberalen Ideale, des sichern Glaubens an den Frieden und die gefestigte Welthandelsherrschaft Englands, eine Epoche langsam steigender Ausgaben, aber stärkeren Wachstums des Wohlstands; 3. die von 1878 bis zur Gegenwart, charakterisiert durch langsameres Wachsen des Reichtums, aber großer Kolonialerwerbung und teurer Kriege und Kriegsrüstung, die freilich auch schon vor 1878 eingesetzt hatten; die ganze Finanz ist beherrscht von dieser weltpolitischen Lage; die Staatsausgaben wachsen enorm, die Schuldentilgung überwiegt bis 1891, wird aber von 1900 an von den neuen Schulden überholt; der Glaube an das 1842—80 ausgebildete Wirtschaftssystem ist erschüttert, aber das damals begründete Finanzsystem reicht noch aus, infolge des ungeheueren Reichtums des Landes und Englands Nichtbeteiligung an den europäischen Kriegen.

ad 1. Die englischen Staatseinnahmen waren 1791—1815 von 20 auf 78 Mill., die Ausgaben von 18 auf 113 Mill. Lstrl. (von 360 auf 2260 Mill. Mk.) gestiegen; so war die Aufgabe von 1815 an, sie wieder auf ihr normales Maß zu reduzieren. Man kam 1835 auf 48 Mill. Lstrl. (= 960 Mill. Mk.) zurück, bewegte sich bis 1842 im ganzen zwischen 51 und 54 Mill. (1020—1080 Mill. Mk.), litt aber seit 1837 an jährlich 7—8 Mill. Lstrl. Defizit (140—160 Mill. Mk.). Statt die Einkommensteuer nach dem Friedensschluß 1815 zu belassen, um so besser das veraltete, ungeheuerliche Zoll- und Akzisesystem zu reformieren und zu beschneiden, hatte man diese 1816 beseitigt; die liberale Zollreform Huskissons hatte 1824—27 einiges gebessert, entfernt nicht genug. Die Torys hatten im ganzen kurzsichtig regiert; die Whigs hatten in den 30er Jahren die Parlamentsreform, die Armeereform, und das neue Stadtgesetz (1835) geschaffen; finanziell waren sie kurzsichtig, ängstlich; hatten 1840 alle Zölle und Akzisen um 5 v. H. erhöht, fast ohne Erhöhung der Einnahmen; es war eine ganz törichte Maßregel, etwa nur zu vergleichen mit der deutschen Eisenbahntariferhöhung von 1873 im Moment des Ausbruchs der großen wirtschaftlichen Krisis. Die Finanzenquete von 1840 hatte gezeigt, wohin die Reform gehen mußte. Melbourne hatte nicht den Mut, auf diese Planke zu treten, wie dann der große Peel, der, von liberalen Gedanken erfüllt, seit Jahren die konservative Partei für große Zwecke erzogen und eingeschult hatte.

ad 2. Seine Finanz- und Wirtschaftsreform 1842—46 ist doch die größte, die England im 19. Jahrhundert erlebt, wenn er damit auch die torystische Partei für längere Zeit in zwei Hälften spaltete. In einem Parlament von Protektionistischen setzte er die Anfänge der liberalen Tarifreform durch, beseitigte oder ermäßigte die schlimmsten Ausfuhr-, Rohstoff-, Halbstoffzölle und Akzisen; er führte die Einkommensteuer in einem Parlament, das den Reichtum vertrat, wieder ein, zunächst nur auf drei Jahre; sie erhielt sich aber dann für immer, wurde der Kern des englischen Budgets, das bequeme Hülfsmittel gegen jedes Defizit; sie gab 1861 10,9 Mill. Lstrl., 1901 26,9 Mill. Lstrl. (= 538 Mill. Mk.). Peel stellte wieder regelmäßige Überschüsse des Budgets her, reduzierte die Zinsen der Staatsschuld, tilgte 14 Mill. Lstrl. (280 Mill. Mk.) der Staatsschulden. Ein Mann des praktischen Lebens, sehr vorsichtig in seinen Entschlüssen, war er felsenfest in der Durchführung dessen, das er für Recht erkannt, auch gegenüber seiner eignen Partei. Er hatte die Einsicht, daß man der beste Finanzminister ist, wenn man dem wirtschaftlichen Leben einen großen Impuls verleiht; er bewies den Konsumenten, daß durch Beseitigung der maßlos entarteten indirekten Steuern sie mehr gewinnen, als sie an Einkommensteuer zu zahlen hätten, er hob 8,15 Mill. Lstrl. jährliche Steuern auf, schuf dagegen 5,66 Mill. Mk. neue; die englischen Fonds standen endlich wieder auf Pari, als ihn 1846 eine Koalition seiner liberalen und konservativen Feinde stürzte. Sein Kabinett fiel, wie er sagt, in the face of the day and with their front of the enemy. „Ehrenwerte Gegner verdammen mich, weil ich alte Parteibande sprengte, aber noch in späten Zeiten wird in der Hütte der Armen mein Name mit Dankbarkeit genannt werden, weil ich ihnen billiges Brot verschaffte."

Das Whigistische Kabinett Russel (1846—52) lebte bis zu Peels plötzlichem Tode von seinen Gnaden und von seinen Ideen; die Zoll-, Schiffahrts- und Kolonialreform von 1849 setzte nur die von 1842—46 fort. Kein englisches Kabinett hat die Finanzen so wenig beherrscht, wie dieses. In den folgenden sieben Jahren wechselte die Regierung sechsmal. Nur die 1853 einsetzende Schatzkanzlerschaft Gladstones, als Glied eines Peelitischen Ministeriums, hatte Bedeutung. Im ganzen aber leitete die große fünfstündige Budgetrede Gladstones doch nur eine Fortsetzung der Peelschen Reform ein. Die Ausdehnung der Erbschaftssteuer auf Grund und Boden (1853) ist allerdings die würdige Ergänzung der Einkommensteuer; ihre Erträge wuchsen von 1861 mit 3,4 Mill. Lstrl. bis 1901 auf 13,0 Mill. Lstrl. (= 260 Mill. Mk.); beide direkte Steuern zusammen sichern England den Ruhm, daß seine reichen Leute, seine regierende Aristokratie, bereit sind, voll mitzutragen an den Staatslasten. Gladstones wichtigste finanzielle Tätigkeit fällt aber erst in das Palmerstonsche Ministerium 1859—65, dem er als Schatzkanzler den Charakter gab. Seine Budgetrede von 1860 ist sein Höhepunkt; die Vollendung der Zolltarifreform, die liberalen Handelsverträge, die Schaffung von Budgetüberschüssen bis 1863, allerlei andere Reformen und Nachlässe, hauptsächlich in den veralteten, störenden, indirekten Steuern sind seine Ziele. Er war ein großer Meister bezaubernder Beredsamkeit, ein Künstler der Finanzzahlen; ein Mann des Details wie der großen Gedanken; man sagte von ihm, er habe die Beredsamkeit und das Feuer von Canning mit der Finanzkenntnis und Durchsichtigkeit von Huskisson vereinigt. Er hatte Verständnis für die radikalen Volksbewegungen und Interessen, er schwärmte lange für Aufhebung der Einkommensteuer, aber war kein politischer Kopf ersten Ranges, schwamm in den modischen optimistischen Friedensgedanken des Manchestertums. Er hat als Premierminister 1868—74 und 1880—83 viel Gutes an neuen Gesetzen geschaffen, aber die Leitung des englischen Staatswesens stand nicht durchaus auf derselben Höhe. Er wollte nur sparen, aber er hat doch eigentlich mitgeholfen, das Budget emporzuschrauben, es stieg 1853—75 von 55 auf 78 Mill., bis 1885 auf 91 Mill. Lstrl. Er mußte große Defizits erleben; sein Schatzkanzler Lowe erlebte 1871 das größte Fiasko, das einem vorgeschlagenen englischen Budget im 19. Jahrhundert begegnete. Die dazwischen liegenden konservativen Ministerien von Derby und Disraeli standen in ihrer Finanzwirtschaft freilich viel tiefer. Der letztere war und blieb ein schlechter Finanzmann, obwohl er ein ganz großer Politiker war.

ad 3. War die Zeit von 1861—81 noch eine solche mäßiger Zunahme der Staatsausgaben gewesen, so schwoll das Budget von da an immer weiter, zumal vom Ende der 1880er Jahre bis über die Jahrhundertwende hin. Ich füge eine summarische Übersicht in deutschem Gelde an, die aus den Untersuchungen von R. Giffen zusammengestellt ist und bis 1901, teilweise bis 1902 geht. Diese Zahlen sind jedenfalls unter sich vergleichbar, während sie mit der Buxtonschen der Vergleichbarkeit wegen rektifizierten Statistik, die ich bisher für 1815—85 verwendete, nicht ganz übereinstimmen.

	Staatliche Einn. Mill. Mk.	Ausg. Mill. Mk.	Bevölkerung Mill.	Ausgabe pro Kopf Mk.	Schulden Mill. Mk.	Ausgabe für Heer u. Flotte Mill. Mk.	Zoll= und Akzise= Einnahme Mill. Mk.	Einkommen= und Erb= schaftsteuer Mill. Mk.
1861	1406	1456	28,9	51	16 492	626	854	316
1881	1638	1618	34,9	47	15 416	516	890	304
1891	1790	1754	37,7	47	13 720	610	886	384
1901	2608	2672	41,5	89	14 114	2428	1188	694
1902	2850	3826	41,5	93	—	—	—	—

Für die letzten dreizehn Jahre gibt Zahn folgende Budgetzahlen an: 1893: 2564 Mill. Mk., 1895: 2506, 1897: 2528, 1899: 3258, 1901: 5038, 1903: 4350, 1905: 4236, 1906: 3972 Mill. Mk. Der südafrikanische Burenkrieg mit 221 Mill. Lstrl. = 4250 Mill. Mk. Kosten spiegelt sich in dem Steigen und Fallen dieser Zahlen. Alle Sachverständigen aber betonen, daß das englische Budget vielleicht noch mal wieder unter 200 Mill. Lstrl. = 4000 Mill. Mk. sinken werde, aber schwerlich sehr viel.

Die große Steigerung des Budgets schließt wohl auch Mehrausgaben für Schule, Gesundheit, Justiz, Unterstützung der Gemeinden usw. in sich; aber der Zivildienst ist im ganzen nicht viel teurer geworden. Neue Steuern sind kaum eingeführt worden, obwohl man im einzelnen manches änderte. Man vermehrte zeitweise die schwebende und die fundierte Schuld, setzte die bestehenden Steuern herauf. Der steigende Wohlstand gab größere Erträge, diejenigen der Zölle stiegen in der Periode der Tabelle um 15 v. H., die der Akzisen (hauptsächlich Spirituosensteuer) um 70 v. H., die der Einkommensteuer um 150 v. H., die Erbschaftsteuer um 286 v. H., die der Post um 400 v. H. Von den Gesamteinnahmen machten die zwei großen direkten Steuern 1861 20 v. H., 1901 31 v. H., Zölle und Akzisen 1861 61 v. H., 1901 45 v. H.

Die Hauptursache der großen Budgetsteigerung liegt in den veränderten auswärtigen Beziehungen, liegt in der Ausdehnung des britischen Weltreiches, das 1880 23,0, 1906 29,14 Mill. Geviertkilometer, 1880 eine Bevölkerung von 306, 1906 eine solche von 403 Millionen umfaßte, sowie in der Tatsache, daß Großbritannien sein Heer und seine Flotte 1815 bis 1870 unsagbar vernachlässigte, die Verwaltung dieser zwei Departements seit 150 Jahren trotz ewig erneuerter Untersuchung niemals gründlich zu bessern verstand. Burton sagt, die Verwaltungen seien stets teuer, voller Mißbräuche und wenig effektvoll gewesen. Schon Palmerston hatte in einer Denkschrift 1846 auf die absolute militärische Schwäche des Landes hingewiesen, hatte bis zu seinem Tode (1865) immer wieder Vermehrung und Verbesserung des Schutzes gefordert, er hatte den Bau von Hafenforts von 1860 an durchgesetzt; sie haben bis 1885 150 Mill. Mk. gekostet, hatten aber noch keine Kanonen. Napoleon III. hat man von 1851 an in England gefürchtet, wie heute Deutschland. Zugleich begannen die Kriege und Spannungen, die viel Geld kosten: Der Krimkrieg „a gigantic blunder" hatte 1400 Mill. Mk. gekostet; der Krieg mit China 1860 120; die abessinische Expedition 1868 kostete kein Blut, aber 516 Mill. Mk.; sie war eigentlich die Folge davon, daß die Königin und das Auswärtige Amt einen Brief des abessinischen Königs zu beantworten vergessen hatten. Mit Disraelis Ministerien und seiner zugreifenden auswärtigen Politik steigerten sich die Rüstungs- und Kriegskosten ganz anders. Aber er ist doch nicht eigentlich allein verantwortlich für die Expansionsbestrebungen zu machen; diese Politik war unvermeidlich durch den Besitz Indiens und Südafrikas, sie war durch die natürliche Ausdehnung des Welthandels über die Grenzen der Kulturstaaten hinaus gegeben. Man liebt es in England so darzustellen, daß die zunehmenden Festlandsrüstungen und -Kriege den Anstoß gaben; sie haben mitgewirkt; die englische Politik fühlte sich 1860—70 in Europa überholt, an die Seite gedrängt. Aber die letzte Ursache der gesteigerten Finanz war die Besetzung Ägyptens 1882, der teuere Sudankrieg, die Annexion von Transvaal, waren die südafrikanischen Kriege, die Ausdehnung Indiens, welche die Afghanistankriege (1878 allein 470 Mill. Mk.) zur Folge hatten. Die zugreifende imperialistische englische Politik gab den Anstoß zur Teilung Afrikas, zu den Kolonialerwerbungen der andern europäischen Staaten.

Die Radikalen klagen die liberalen und konservativen Regierungen eines unnötigen, unweisen Militarismus an; sie betonen, das jetzige

Finanzsystem sei erdrückend für die Industrie und die Entwicklung des Wohlstandes; es habe eine zu schmale Basis in der Getränke- und Tabakssteuer, in der Einkommens- und Erbschaftssteuer; die staatliche Schuldenlast werde immer gefährlicher, wenn der Reichtum nicht mehr wie 1815—70 wachse. Die Verteidiger des Bestehenden weisen auf die Gefahr der kriegerischen Störung der Aus- und Einfuhr hin und darauf, daß heute (1906) jeder Engländer 66 Mk. Steuern doch viel leichter trage, als 1787/93 37 Mk., daß in den napoleonischen Kriegen die Steuerlast unendlich viel höher war als heute. Die Konzentration der indirekten Steuern auf wenige Artikel hat ihre Nachteile, aber den Vorteil, das übrige wirtschaftliche Leben nicht zu behelligen; die Spirituosen ergaben 1905 in Großbritannien 769 Mill. Mk., 18,5 Mk. auf den Kopf; man wird dabei allerdings an das englische Witzwort erinnert: The habitual drunkard is the sheet anchor of the british constitution. Aber der Anklage stehen die Erträge der Einkommen- und Erbschaftssteuern gegenüber; die Sätze der Einkommensteuer haben seit langen Jahren zwischen 1 und 10, ja noch mehr P. für 1 Lstrl. Einkommen geschwankt; 1 P. gibt heute 2,4 Mill. Lstrl. jährlichen Ertrag (= 48 Mill. Mk.). Alle Wechsel der Konjunktur, der Kriege, des Budgets werden erträglich, wenn man das eine Jahr 48 Mill. Mk., das andere die zehn- und mehrfache Zahl Einkommensteuer erheben kann.

So steht auch heute noch die englische Finanz in unerreichter Größe und Ergiebigkeit vor uns. Was könnte das Deutsche Reich jubeln, wenn es einen beweglichen Einnahmefaktor hätte, der beliebig zwischen 48 und 480 Millionen schwanken könnte. Natürlich kann ein viel reicheres Land als Deutschland eine solche wechselnde Belastung leichter aushalten. Aber die Zahlen wie die Einkünfte aus den Erbschaftssteuern weisen auch auf einen politisch-patriotischen Sinn, auf ein Gerechtigkeitsgefühl der Reichen in England hin, das wir leider noch nicht in gleichem Maße haben. Vielleicht nicht haben können. Aber dann müssen diese Gefühle erzogen werden.

V. Altpreußen.

Die territorialen Fürstentümer, durch deren Vereinigung die brandenburgischen Kurfürsten aus dem Hause Hohenzollern 1600 bis 1700 ihre Lande zu dem neben Österreich wichtigsten Gliede des Deutschen Reiches zu machen verstanden, gehören außer Kleve-Mark dem Nordosten Deutschlands an. Auch die Erwerbung Vorpommerns 1714—20 und Schlesiens nebst Ostfrieslands 1740—63 änderte den geographisch-politischen Charakter des neuen Staates nicht. Erst die Erwerbungen von 1803, von 1814 und von 1866 verwandelten das östliche Übergewicht in ein Gleichgewicht zwischen dem agrarischen feudalen Osten und dem mehr gewerblichen und kleinbäuerlichen Westen.

In den östlichen Territorien, die zunächst zu Brandenburg kamen, in Preußen, Pommern, Magdeburg, Halberstadt und Schlesien, existierte eine ständische Verfassung, die teilweise fast einer Adelsrepublik mehr als einer Monarchie glich; in Schlesien freilich haben schon die Habsburger 1500—1740 zentralistisch-monarchische Institutionen begründet, aber den überwiegenden Einfluß eines ganz großen Adels doch nicht beseitigt, ebensowenig vom Domanium viel gerettet. In Kleve-Mark waren unter dem Schutze Hollands auch fast aristokratisch-republikanische Einrichtungen entstanden. In Brandenburg selbst hatten die Hohenzollern von 1440—1537 die Zügel des fürstlichen Regiments fest angezogen, die von 1537—1640 sie aber sehr am Boden schleifen lassen; immer kam es hier nicht zu einem eigentlichen Kondominat der Stände wie anderwärts.

In den östlichen Territorien Deutschlands handelte es sich 1400 bis 1640 bei der Ausbildung ihrer Finanzen darum, 1. was in diesen noch überwiegend naturalwirtschaftlichen Gebieten aus der früheren Zeit an fürstlichem Domänenbesitz und den dazu gehörigen privatrechtlichen Bodenzinsen und an Lehnsrechten noch zu retten war, 2. was an neuen Steuern einzuführen gelang, wie viel davon ganz unter den Einfluß und die Gewalt der Stände kam, zu einer antifürstlichen, ständischen Steuer- und Kreditorganisation sich auswuchs, 3. wie weit ein fürstliches oder ständisches Schuldenwesen und Kreditwerk sich ausbildete, wie weit es zum Heile des Ganzen diente oder durch fürstliche Schwäche und Mißbräuche in die Hände der Stände gelangte und dann auch häufig dem Staate mehr schadete als nützte.

Die Kämpfe zwischen Fürst und Adel um die Lehnsrechte und das Domanium erfüllen gerade die nordosteuropäischen Staaten von 1300 bis 1700 besonders heftig; je nach der Entscheidung erwirbt der Adel oder der Fürst die überwiegende Macht. Der große Lehnsbesitz gab einst dem Fürsten fast kostenlose Reiterdienste, weitgehende Nutzungs- und Heimfall- usw. Rechte. Die ausschließlich zugunsten des Adels sich durchsetzende Änderung des Lehnsrechtes nahm dem Fürsten in dem Maße Rechte, Macht und Einkünfte, als diese Änderung ihm die Möglichkeit nahm, erledigte Lehen einzuziehen, seine Getreuen zu belohnen, als die Bezahlung der Lehnsdienste und

ihre steigende Unbrauchbarkeit ihn nötigte, bei jedem kleinen Kriegs=
zuge viel Geld auszugeben, hochbezahlte Söldner zu gewinnen. Die
Verpfändung sehr vieler Domänen und fiskalischer Rechte, und zwar
wieder überwiegend an den Adel, ging nebenher; energische Fürsten
widersetzten sich, sparsame, wie die Hohenzollern, lösten wieder einiges
ein, tyrannische wie die Schwedenkönige, setzten sich zu Haus und
in Livland wieder mit Gewalt in Besitz des Domaniums. In den
brandenburgisch=preußischen Landen war die Entwicklung ganz ver=
schieden; zunächst schmolz grade 1300 bis 1640 in denselben der
Domänenbesitz wesentlich zusammen, wenn er auch immer noch den
Hauptbestandteil der finanziellen Einnahmen bildete.

Die Verpfändung der Domänen, Vorschüsse der Städte, der
Amtleute, des Adels sind die Formen, in welchen die steigende Ver=
schuldung der Territorialfürsten seit dem 13. Jahrhundert beginnt.
Im 15. und 16. Jahrhundert sehen wir in Brandenburg die Stände
und ihre Kreditkassen Beträge von 0,2 bis 2,5 Mill. Reichstaler
(à 4,5—5 heutige Mk.) auf einmal in wachsender Zahl vom Kur=
fürsten übernehmen. Für Anfang des 17. Jahrhunderts berechnet
Bracht, daß das städtische Haus der Kurmark durchschnittlich 300 Reichs=
taler wert war, daß diesem Wert aber auch 300 Reichstaler ständischer
Schulden gegenüberstanden. Neben dieser von den Ständen über=
nommenen Schulden hatte der Kurfürst 1617 2,4 Mill. Reichstaler
persönliche Schulden in zehn Jahren gemacht. Die Erwerbung von
Preußen und Kleve=Mark kostete so große Summen; und die eignen
Mittel stiegen nicht entsprechend.

Wohl hatten in Preußen, Pommern, Brandenburg die fürstlichen
Gewalten energisch um landesherrliche direkte Steuern gekämpft, auch
mancherlei erreicht; immer nicht so viel wie z. B. die Regierungen
in Schlesien, Böhmen, Kursachsen, Magdeburg; die Steuerfreiheit
von Adel und Kirche setzte sich im 15. und 16. Jahrhundert fast
überall im Nordosten durch und schmälerte die Erträge; die Kataster
waren noch zu unvollkommen. Auch landesherrliche Bier=, Wein=
usw. Steuern wurden unter schweren Kämpfen 1450—1600 durch=
gesetzt; kamen aber überwiegend dann in ständische Verwaltung, um
die übernommnen Schulden zu verzinsen. Die Verbesserung des Zoll=
wesens fehlte in Brandenburg von 1450—1620 auch nicht, aber die
Erträge waren nicht groß genug. Ich glaube annehmen zu können,
die Steuern seien unter Albrecht Achill in Brandenburg $1/5$, 1600 $1/3$
der finanziellen Einkünfte gewesen.

Nach den historischen Finanznotizen, die wir haben, läßt sich vielleicht sagen: das kurfürstliche Einkommen in Brandenburg habe auf dem Höhepunkt der askanischen Herrschaft im 13. Jahrhundert 800 000 heutige Mark betragen; der Kurfürst von Brandenburg galt damals als einer der reichsten deutschen Fürsten; nach der Schleuderwirtschaft der Bayern und Luxemburger gegen 1400 nur noch 52 000; unter dem zweiten Hohenzollern (1440—1476) 225 000; unter dem sparsamen Albrecht Achill, dem sein Hofmeister Ludwig v. Eyb riet, stets nur ein Drittel der Einkünfte zu brauchen, ein Drittel zurückzulegen, ein Drittel zur Schuldendeckung zu verwenden, 350 000; es sei dann mit den Mitteln der verbesserten Verwaltung des 16. Jahrhunderts (trotz aller Mängel und Schulden) unter Joachim I. gegen 1520—30 auf 450 000, unter Johann Sigismund gegen 1610 bis 1620 ohne die Zuflüsse von Preußen und am Rhein auf 675 000 Mk. gekommen. Den Großen Kurfürsten schätzt Breysig mit den Einkünften aus den alten und neuen Landen in seiner ersten Zeit auf 2,4 Millionen heutiger Mark.

Wir stehen damit vor der Zeit der großen brandenburgischen Staatsbildung 1640—1806. Aus einer Anzahl sich fast feindlich gegenüberstehender, in der Mehrzahl armer, feudalständisch regierter Territorien entstand der zentralisierteste, absolute Militär- und Beamtenstaat Deutschlands, ja Europas, angefeindet und bedrängt von allen seinen deutschen und außerdeutschen Nachbarn. Wie war das möglich? Die Mehrzahl der Territorien war in sich doch homogen, protestantisch, bewohnt von einem harten, niederdeutschen, kriegerischen Menschenschlag; die Vereinigung der mittleren Territorien gab doch eine bedeutsame kompakte Machtgrundlage; die verrottete ständische Verfassung der beteiligten Territorien stand meist noch schlechteren Zuständen in den Nachbarterritorien und -staaten gegenüber. Eine Reihe seltner Fürsten folgten sich; sie verstanden ihre Zeit, ihre Bedürfnisse, sie wußten eine Heeresverfassung im Anschluß an die französischen, schwedischen, niederländischen und österreichischen Vorbilder auszubilden, die bald als die erste europäische galt, ein selten tüchtiges, integeres Beamtentum zu erziehen und eine Amtsorganisation herzustellen, die fähig war, die Klassenherrschaft des Feudaladels zu brechen und doch eine Versöhnung der Staatsidee und der Feudalinteressen anzubahnen, so daß der schwere Kampf der Monarchie und des Beamtentums mit dem feudalen Adel in der Hauptsache 1740 beendigt war. Der von da an geschonte und in seinen Privilegien geschützte Adel schickte sich an, der Monarchie ganz und voll zu dienen. All das war aber nur möglich, vollends die Erkämpfung der Großmachtstellung war nur denkbar, indem nun dieser zentralistische Militär- und Beamtenstaat zugleich eine musterhaft sparsame, geordnete Finanz erhielt, die gewiß auf die Bevölkerung zeitweise schwer drückte, aber doch große wirtschaftliche Fortschritte der Lande im ganzen nicht bloß nicht hemmte, sondern sie beförderte.

Wir schicken, wie in den vorherigen Abschnitten, eine summarische Finanzübersicht über die Zeit von 1620—1820 nach den bekannten Arbeiten von Riedel, mir, Breysig, Koser usw. erst voraus. Man wird in Millionen heutiger Mark die reine Staatseinnahme und -ausgabe im ganzen und pro Kopf so berechnen können:

unter		Millionen heutiger Mark	Millionen Bevölkerung	pro Kopf Mark
Georg Wilhelm	1620—24	1,3	0,8	1,6
Kurfürst Friedrich Wilhelm	1640—44	2,4	1,0	2,4
= =	1688	11,5	1,5	7,1
König Friedrich Wilhelm I.	1713	14,4	1,6	9,0
= =	1740	22,0	2,2	10,0
König Friedrich II.	1750—56	36,0	3,5	10,0
= =	1756—63	74,4	3,5	fast 24,0
= =	1786	69,0	5,8	12,0
König Friedrich Wilhelm III.	1804	93,0	10,7	8,7
= = =	1806—20	150,9	1808-14 4,6	37,7
= = =	1820—30	168,3	12,0	14,0

In den 200 Jahren überwiegen im ganzen doch die Friedensepochen; aber es fehlten nicht schwere und längere Kriegszeiten; zuerst drückte der Dreißigjährige Krieg, dessen Wunden jahrelang fortbluteten, dann kamen die Kriege 1656—60, 1672—79; die Teilnahme an den großen Kriegen 1689—1714 berührten den preußischen Staat nicht direkt. Die Feldzüge unter Friedrich Wilhelm I. hatten keine Bedeutung; die Zeit von 1713—40 war eine Friedens- und Reformzeit. Unter Friedrich dem Großen waren die beiden Schlesischen Kriege kurz, nur der dritte lang und schwer; unter Friedrich Wilhelm II. und III. waren die Kriege bis 1806 auch kurz und nicht so erschöpfend, wie die Zeit dann von 1806—15. Das Wesentliche für die ganze Epoche ist aber doch, daß die großen finanziellen und sonstigen organisatorischen Reformen stattfinden mußten zwischen den allergrößten Anstrengungen nach außen; zumal für die Zeit des Großen Kurfürsten gilt dies.

Unter den finanziellen Maßnahmen der Zeit von 1640—1806 stehen voran: die Beseitigung der staatlichen und ständischen Verschuldung, die Bildung des Staatsschatzes, die Wiederherstellung eines großen Domaniums.

Das brandenburgische ständische Kreditwerk war seit 1623 zahlungsunfähig; es war nicht imstande, sich selbst zu helfen; 1660 bis 1690 wurden seine Schulden von kurfürstlichen Kommissaren „behandelt", d. h. etwa 4 Mill. Rtlr. (= etwa 16 Mill. Mk.) teilweise abbezahlt, teilweise abgehandelt; es bestand dann unter strenger kurfürstlicher Kontrolle in beschränkter Weise fort, sein Kredit wurde unter Umständen vom Staate benutzt; 1752 hatte es wieder 5 Mill. Rtlr. (à 3 Mk.) Schulden. Die ständischen Kassen und Kreditwerke der andern Territorien wurden unter Friedrich Wilhelm I. beseitigt. Die meisten großen Städte waren 1640—1740 überschuldet, viele ganz bankrott; staatliche Untersuchungen, von den Gläubigern gewünscht, bewirkten unter Neuordnung der städtischen Verfassung und Verwaltung und unter Abzahlung der Schulden mit Staatshülfe bis gegen 1750 fast volle Schuldenfreiheit der Kommunen. Die Domänenschulden waren 1640—60 nochmals um 5—6 Mill. Rthlr. (à 4 Mk.) gewachsen; daneben standen die alten Schulden, z. B. die sogenannte Höfyfersche an Holland, von 0,1 Mill. auf 6—7 Mill. Gulden (à 4 Mk.) nach und nach angewachsen; dazu Schulden an den Kaiser, rückständige Reichssteuern, 1674—84 0,6—0,7 Mill. Rtlr. neuer Kriegsschulden. Ein großer Teil wurde durch diplomatische Verträge beseitigt, manches abbezahlt. Unter dem Großen Kurfürsten, wie unter seinem Sohne kamen erhebliche Subsidien zu Hülfe (z. B. 1674—88 2,8 Mill., 1686—1713 14 Mill. Rtlr. (à 3,4 Mk.).

Im ganzen war es von 1660 bis gegen Ende des 18. Jahrhunderts das Prinzip der preußischen Finanz, die Schulden möglichst rasch abzuzahlen, selbst im Kriege möglichst keine Schulden zu machen. Man hatte in Österreich und Frankreich, in vielen deutschen Staaten fast nur die Schattenseiten, die Lähmung des Staates durch die Überschuldung, die drückende Abhängigkeit von einheimischen und fremden wucherischen Kapitalistengruppen gesehen. Mag dabei altväterliche, spießbürgerliche Tradition mitgewirkt haben; Friedrich Wilhelm sagte, ich bin es satt, daß die Schulden löffelweise mit mir aus der Schüssel fressen. Aber der Erfolg war gut, da man Ersatz dafür durch Ersparnisse und gefüllte Kassen zu schaffen wußte. Es war ein Glück für die kritische Zeit von 1786—1815, daß man vorher nur geringe Schulden gehabt hatte, und daß man von den neuen Erhöhungen, die 1786—97 entstanden waren, einen erheblichen Teil bis 1806 wieder abbezahlt hatte (1796—1806 66 Mill. Mk.);

am 1. Januar 1807 betrug die Staatsschuld erst 160 Mill. Mk., 1820 etwa 696 Mill. Mk. (nach Richter); 1833—48 waren davon schon wieder 172,5 Mill. getilgt. Die Rente vom eignen Staatsvermögen war 1806 26,1 Mill. Mk., 1820 18, 1833 15, 1848 18,6 Mill. Mk. Für die Zinsen der Staatsschuld hatte man 1820 29,1 Mill. Mk., 1848 13 Mill. Mk. ausgegeben. Die vorsichtige, sparsame Schuldenpolitik des 18. Jahrhunderts hatte bis 1848 im Prinzip vorgewaltet und wirkte auch von da an bis auf einen gewissen Grad noch fort bis 1869.

In der äußersten Notzeit hat Friedrich der Große zu einer bedeutsamen Münzverschlechterung gegriffen, die ihm 87 Mill. Mk. einbrachte; er hat sie dann aber nach Ende des Siebenjährigen Kriegs rasch wieder beseitigt. Wichtiger war, daß er in diesem Krieg 81 Mill. Mk. Subsidien empfing und durch die Besetzung und Ausnutzung von Kursachsen, Mecklenburg, Vorpommern 158,85 Mill. Mk. an Lieferungen, Kassenbeständen, Schatzungen beziehn konnte. Noch wichtiger aber war die Bildung des Staatsschatzes, wie ihn alle großen und sparsamen Fürsten mit guter Finanz von 1400 bis 1800 ansammelten. Sein Begründer in Preußen ist Friedrich Wilhelm I., welcher 1740 30 Mill. Mk. in demselben hinterließ, bei einer reinen Staatseinnahme von 22 Mill.; 1756 lagen 42 Mill. darin (bei 36 Mill. Einnahmen), 1763 nach dem furchtbaren Kriege noch 48—49 Mill. Mk., also mehr als die Mittel für einen weitern, auf 33 Mill. Mk. vom König geschätzten Feldzug, während die andern kriegführenden Staaten mehr oder weniger in ihren Mitteln erschöpft und damit handlungsunfähig waren; 1786 hinterließ Friedrich II. 153 Mill. Mk. bei einer Einnahme von 69. In dem preußischen, von der übrigen Welt meist noch weit überschätzten Staatsschatz lag eine Hauptursache der Macht und der Stoßkraft des Staats. Er war so groß, daß er die Anlehn ersetzte. Daß Friedrich Wilhelm II. den Schatz schnell erschöpfte, hat seine ganze Politik ungünstig beeinflußt. Daß 1806 erst wieder 39 bis 51 Mill. Mk. darin lagen, war für das Schicksal von 1806—1809 ein schlimmer Übelstand.

War so in Preußen für die Zwecke außerordentlicher Ausgabesteigerung in Kriegszeiten bis 1786 gesorgt, so war die Beschaffung verhältnismäßig großer regelmäßiger Finanzeinnahmen doch die Grundlage des Systems. Diese allein oder ganz überwiegend aus Steuern zu beschaffen, dazu war aber das Land zu arm, in seiner Finanz-, Geld- und sonstigen Entwicklung zu weit hinter Westeuropa zurück. Was retten konnte, war nur die Wiederherstellung eines großen Domaniums und einer musterhaften Verwaltung desselben. Ein schwerer, fast erschöpfender Kampf mit den feudalen Gewalten als Pfandinhabern, welche die vielfach zu Unrecht innegehabten Domänenstücke nicht herausgeben wollten, erfüllte das Jahrhundert von 1640—1740. Das Resultat war immerhin nicht unbeträchtlich. Zwar in Schlesien blieb der Domänen- und Bergwerkbesitz meist in den Händen der Standesherren; in Ostpreußen und Litauen war der wiederhergestellte königliche Besitz um so größer; auch in Pommern und Brandenburg sowie in Magdeburg-Halberstadt war und blieb er wesentlich; freilich waren der Hauptbestand desselben überall die königlichen Dörfer und die Forsten; aber auch die Domänenvorwerke nahmen in dem genannten Jahrhundert sehr zu, zuletzt auch durch die Kolonisation und durch sehr großen Zukauf. Der preußische Domänenbesitz ist ja heute noch bedeutend, obwohl 1806—65 für 277,38 Mill. Mk. von ihm verkauft bezw. abgelöst worden ist. Für Ostpreußen und Litauen habe ich berechnet, daß 1740 der Adel über 48 000, der Staat über 123 000 Hufen verfügte. Die bessere Benutzung des großen Domaniums erfolgte von den Tagen des Ministers Knyphausen (1683) bis gegen 1740; von 1770 bis 1806 stiegen die Erträge nochmal erheblich. Die geordnete Verpachtung der ganzen Domänenämter an bürgerliche Pächter kam dem Staate ebenso zugut, wie er neben dem Adel eine neue Klasse hervorragend tüchtiger Landwirte schuf. Die staatlichen Domäneneinkünfte stiegen von 1688—1740 von 2,4 auf 9,9 Mill. Mk., sie betrugen nun (1740) fast die Hälfte der Staatseinkünfte. Die Einnahme der ganzen Generaldomänenkasse war 1713 8,6 Mill. Mk., 1740 12,3, 1786 17,1 Mill. Mk. Darunter waren auch die sehr gestiegenen Bergwerks- und Salzeinkünfte und Ähnliches. Ohne diese Einkünfte aus eigenem Besitz und Erwerb wäre die Erkämpfung der Großmachtstellung im 18. Jahrhundert unmöglich gewesen.

Der hundertjährige Kampf zwischen Königtum und Adel um das Domanium endete mit dem (1740) stillschweigend eingegangenen Kompromiß, daß der Adel, der bis in diesen Tagen dem Königtum widerstrebt hatte, alle seine Söhne in den mäßig bezahlten Offiziers- oder Zivildienst sende, das Königtum aber von 1740 alle Domänenprozesse, sowie den Ankauf abliger Güter einstelle. — Viel heftiger war der Kampf um die Steuern gewesen; er endigte mit der Stilllegung der ständischen Verfassungen, der Aufhebung des ständischen Bewilligungsrechts, aber der Erhaltung eines erheblichen Teils der abligen Steuerfreiheiten, im übrigen mit der Ausbildung eines neuen Steuersystems.

Die Steuern der Territorialzeit waren nicht ergiebig gewesen; sie waren in Brandenburg und anderwärts vielfach dem ständischen Kreditwesen anheimgefallen. Mit dem 17. Jahrhundert und der beginnenden Kriegszeit nahmen die einheimischen und fremden Heere überall, was sie an Lebensmitteln, Quartier und sonst brauchten, einfach mit Gewalt unter dem Namen der Kontribution. Aus der Umlegung dieser Kontribution durch staatliche, ständische und städtische Behörden entstand das neue Steuerwesen; in Brandenburg=Preußen waren es die Kommissariatsbehörden, die zugleich die Truppen im Namen des Kurfürsten kontrollierten, die mehr und mehr diese ganze Aufgabe an sich zogen. Sie waren zugleich die Träger der versuchten Steuerreformen.

Da alle Umlegung der Kontribution sich an die alten Schoß=, Hufen=, Stadtkataster, an die alten Quotisationszahlen anschlossen, nach denen herkömmlich Stadt und Land, die einzelnen Städte und Dörfer beitrugen, so handelte es sich in erster Linie um die Reform der alten Kataster aus der Zeit vor 1620, und da diese häufig an ständischen und lokalen Widersprüchen scheiterte, so kam es zu dem Versuch, der nur für die Städte gelang, die nötigen Summen nach ganz andern Maßstäben umzulegen: es entstand die Akzise von 1641—1750. Gleichzeitig hatte der Große Kurfürst aber verstanden, hauptsächlich von 1649—1680, größere Bewilligungen der Stände auf den Landtagen durchzusetzen, die zuerst auf einige Jahre, dann dauernd, feste jährliche Summen zum Heeresunterhalt sicherten. Diese Bewilligungen, mit denen der Große Kurfürst sich die Existenz der stehenden Armee, den miles perpetuus, nach langen ernsten Kämpfen erkaufte, waren aber nicht ohne große Zugeständnisse an die abligen Vorrechte zu haben; doch wurden diese meist so gefaßt, daß sie verschiedener Interpretation zugänglich waren. In den meisten Territorien hörten mit der Gewöhnung an feste Jahressummen der Kontribution die Landtage (von 1680—1720) auf, sich zu versammeln. Dafür suchte die Regierung eben auch von da an die Steuersummen und teilweise auch die Kataster unberührt zu lassen. Immer gelang auch an Katasterrevision mancherlei.

Die wichtigsten Reformen der ländlichen Steuerkataster waren: die magdeburgische 1682—1730, der neue pommersche und neumärkische Kataster 1718—20; die Einführung des Generalhufenschosses in Ost=preußen 1714—20; die schlesische Klassifikation von 1741—42, die westpreußische von 1772: alles große bedeutende Arbeiten, teilweise den Adel neben den Bauern, wenn auch mit niedrigeren Sätzen heranziehend. In Kleve-Mark stieg die jährliche Kontribution 1660—88 von 0,1 auf 0,248 Mill. Rtlr., in der Kurmark 1657—84 von 0,114 auf 0,488 Mill. Rtlr., worin die Akzisen freilich noch einbegriffen waren.

Die Akzise war ein Holland nachgeahmtes System zahlreicher niedriger direkter und noch mehr indirekter Steuern, wodurch die Städte hauptsächlich von 1667—1680 freiwillig ihren Beitrag zur Kontribution aufzubringen begannen; sie wurde 1688—1750 im ganzen Staate für die Städte eingeführt, als Torakzise behandelt, zuerst von städtischen, dann von reinen Staatsbeamten verwaltet; sie gab bald steigende Überschüsse, so daß aus ihr den Städten Beiträge für ihre Verwaltung gezahlt, die Einquartierung vergütet, große Überschüsse für die Heeresverwaltung gezogen werden konnten. Im Jahre 1806 flossen von den gesamten Steuern nicht ganz 40 v. H. aus der ländlichen Kontribution, über 60 v. H. aus der städtischen Akzise und dem Zoll.

Im Jahre 1688 betrugen die ganzen Steuereinnahmen 1,34 Mill Rtlr. = 4,7 Mill. Mk., 1713 waren es 7,10 Mill. Mk., 1740 10,8 Mill. Mk., 1786 33,0 Mill. Mk., 1806 45,9—60 Mill. Mk., soweit die komplizierten damaligen Kassenabrechnungen ein Bild gestatten. Immer sehen wir, daß 1713 und 1786 die Steuern die Domäneneinkünfte wesentlich überholt hatten, während 1740 sich die beiden Einnahmearten fast gleichstanden.

Wichtige Fortschritte, die zum Gesamtbilde gehören, sind bei dieser Skizze nicht dargelegt: so die Durchführung der Trennung der Hof- und Staatswirtschaft, die steigende Kassenzentralisation, die strenge Bindung der Verwaltung an Voranschläge seit Ende des 17. Jahrhunderts, der Sieg eines geordneten Rechnungswesens, die peinliche Sparsamkeit und Ordnung im ganzen öffentlichen Haushalte, das geschickt ausgedachte Ineinandergreifen von Heeres- und Finanzverwaltung, von Wirtschaftspolitik und Steuerwesen. Auch auf die Reformversuche Friedrichs II. von 1766 an, auf die sogenannte französische Regie, das Tabaks- und Kaffeemonopol und Ähnliches konnte nicht eingegangen werden; die Grundlinien des altpreußischen Finanzsystems wurden dadurch so wenig geändert, als durch die ungeschickten Reformanläufe von 1786 an. Auch kann es nicht Sache dieses Überblickes sein, zu zeigen, wie das 1680—1756 so gut ausgebildete Finanzsystem in der Hand des größten preußischen

Königs in seinem Alter und unter seinen schwachen Nachfolgern in gewissen Beziehungen (1767—1806) versteinerte und wachsende Schattenseiten zeigte.

Die Gefahren, welche dieses hochgespannte System in sich berge, kannte niemand mehr, als Friedrich II. Furchtbar schwer drückte in seinen letzten Jahren auf ihn die Sorge, sein wenig fähiger Nachfolger werde es durch Verschwendung über den Haufen werfen. Von den entsetzlichen damaligen Mißbräuchen der französischen Finanz erwartete er eine baldige große Katastrophe; aber er meinte, das reiche mächtige Land werde sie eher ertragen können, als Preußen selbst kleine Mißstände und Finanzschwierigkeiten.

Was das Urteil über die preußischen Finanzen von 1640 bis 1806 im ganzen betrifft, so stehen ihre Geldmittel ja weit hinter denen Frankreichs und Englands zurück; auch ihre Technik erreicht die der übrigen Großstaaten nicht überall. Aber ihre Leistungsfähigkeit ist unvergleichlich größer; sie erlaubte der kleinsten Großmacht im 18. Jahrhundert die gefürchtetste, überall siegreiche Militärmacht Europas zu werden; ihr Personal war das beste und integerste.

Große Finanzminister hat diese Finanz außer Knyphausen und vielleicht den beiden Grumbkows eigentlich nicht gehabt; selbst die besten Minister in der Mitte und zweiten Hälfte des 18. Jahrhunderts, z. B. Schlaberndorf, Heinitz, Struensee, sind doch mehr nur geschickte Gehülfen gewesen. Aber dafür sind die beiden Könige von 1713—86 zugleich ihre eigenen, und zwar ausgezeichnete Finanzminister gewesen. Was mit den altpreußischen Finanzen in Krieg und Frieden 1640 bis 1806 geleistet wurde, wird immer ebenbürtig neben den Leistungen Sullys, Cromwells, Colberts, Pitts stehn. Und ihr Vorzug war es, daß 1660—1800 die gleichen Grundtendenzen dauernd und ohne Unterbrechung herrschten.

VI. Das Preußen des 19. Jahrhunderts.

Man hat das Kopfeinkommen im preußischen Staate gegen 1806—1840 auf 120 bis 150 Mk. geschätzt; wenn dagegen die Staatsausgaben pro Kopf, wir wir sahen, 1808—1815 37,7 Mk. betrugen, so war das in dem armen Lande, aus dem Napoleon 1½ Milliarden Francs herausgepreßt hatte, eine ungeheure Last, die nur möglich wurde durch die freie Teilnahme und Opferbereitheit des ganzen Volks. Aber natürlich war die Beschaffung der Kriegsmittel für die Regierung doch ebenso schwierig gewesen, wie nachher die Neuordnung der Finanzen im Frieden. Der neue Staat mit seinen zehn Millionen Einwohnern war glücklicherweise die großen polnischen Landesteile überwiegend los, hatte deutsche, reichere im Westen und in Sachsen erhalten; alle aber waren erschöpft, und der neue Staat bestand aus 117 Teilen, die bisher verschiedenen Territorien angehört, verschiedene Verwaltungs- und Finanzeinrichtungen gehabt hatten; das altpreußische Finanzsystem war nur für 3,5 Mill. Menschen ein althergebrachtes, für 6,6 etwas Neues, Fremdes, für sie Unmögliches.

Die Männer, die den Staat unter Friedrich Wilhelm III. von 1808 an neu zu ordnen hatten, waren überwiegend großzügige, liberale, idealistische Reformer, wenn auch die klugen Praktiker nicht fehlten; die an der Spitze Stehenden, vor allem Hardenberg, waren aber keine Finanzmänner; sein Neffe Graf Bülow (Finanzminister 1813—1817) reichte so wenig aus wie Klewitz, der 1817—1825 die Finanzen leitete. Schön und Niebuhr wagte man nicht zu berufen, Hardenberg vertrug sich mit ihnen nicht. Im Staatsrat schien 1817—1818 zuerst keine Einigung über das Finanzsystem möglich; die maßgebende Kraft wurde neben J. G. Hoffmann, Rother, Friese und Kunth hauptsächlich der feine, kluge und doch feste Maaßen, schon seit Anfang 1816 als Direktor der Gewerbeabteilung, seit 1818 als Generalsteuerdirektor unter Klewitz und Motz, 1830—1834 als Minister der Finanzen. Motz, der (1825—1830) sich hauptsächlich um die Domänen, den Zollverein, die allgemeine Einrichtung des Finanzministeriums verdient machte, und er sind bis 1866 eigentlich die einzigen großen preußischen Finanzminister gewesen; alle ihre Nachfolger waren gewöhnliche Verwaltungsbeamte, Minister, die im hergebrachten Geleise gingen.

„Die Steuerverfassung", sagt J. G. Hoffmann, „ist mehrenteils eine Schöpfung der Not des Augenblicks". An anderer Stelle meint er, wer die Steuern entrichtet, kann das Gesetz bestimmen, nicht wer sie trägt. Das klingt sehr realistisch, ja pessimistisch. Und doch entstand das neue Finanzsystem 1815—1833 unter großen Gesichtspunkten: die alte Akzise mit ihren zahllosen Steuerartikeln, ihrer Absperrung der Städte untereinander mußte fallen; der ganze Staat wurde ein freier innerer Markt mit sehr mäßigen Eingangs-, fast keinen Ausgangszöllen. Alle Steuern waren erdacht unter dem Gesichtspunkt, den Absatz, den Verkehr, die Produktion zu erleichtern. Von den alten indirekten Steuern wurde in 132 größeren Städten die Mahl- und Schlachtsteuer — als Rest der alten Akzise — festgehalten; der ganze übrige Staat zahlte dafür die Klassensteuer. Nur

Branntwein, Bier, Wein und Tabak zahlten im ersten Stadium ihrer Produktion mäßige indirekte Steuern; daneben blieb eine hohe Salzsteuer in Monopolform. Das Versprechen der Reform und Ausgleichung der Grundsteuer von 1810 wagte man nicht einzulösen. Hier liegt der schwächlichste Punkt des neuen Systems; die alten ungerechten Kataster des 17. und 18. Jahrhunderts, die vielfache Steuerfreiheit des Adels blieben im größern Teil des Staats bis 1861; auch wagte man nicht, an die Grundsteuer ein System von Ertragssteuern, wie Frankreich und die deutschen Mittelstaaten es taten, zu knüpfen; nur die Gewerbesteuer wurde als unbedeutender Zuschlag zur Klassensteuer eingeführt. Vor der Einkommensteuer, wie sie Stein wünschte, hatten die maßgebenden Finanzleute eine fast kindliche Scheu; vielleicht war der Osten Preußens dazu auch nicht reif. Die Klassensteuer war eine modifizierte Kopfsteuer; sie nach dem Vermögen abzustufen, schien J. G. Hoffmann das denkbar Falscheste. Sie stellte eine sehr hohe Belastung der untern Klassen dar, vertrug deswegen im Gegensatz zur Einkommensteuer Zuschläge in Notzeiten fast gar nicht. Auch nachdem 1851 ihre obersten Stufen in eine Einkommensteuer verwandelt worden waren, wurde das nicht viel anders; denn man gab die Losung, es müsse bei ihr jedes lästige Eindringen in die Vermögens- und Einkommensverhältnisse vermieden werden. Die Abneigung der Reichen, Steuern zu zahlen und ihren Reichtum zu verraten und die Überspannung des manchesterlichen Individualismus reichten sich bei dieser Gesetzesbestimmung die Hand.

Das Zollgesetz von 1818 war eine große Tat, eine Meisterleistung ersten Ranges; aus ihr ging der Zollverein und das spätere Deutsche Reich hervor: die Zolleinheit gebar die politische. Im übrigen ist das Finanzsystem, wie es im ganzen Preußen bis 1890 oder 1879 beherrschte, in der Tat ein Kind der Not, in vielfacher Beziehung recht unvollkommen und doch ein sehr großer Fortschritt gegen die Finanzen vor 1806. Die Notwendigkeit einer großen Reform hatte man doch 1816—1840 voll empfunden. Soweit man dabei Fehler beging, waren es die der Zeit, der damals herrschenden Theorien, waren Rücksichten maßgebend, die in der Geschichte des Staats wurzelten. Und bei allen diesen Fehlern waltete die größte Sparsamkeit, viel ehrliche Sachkenntnis; die wichtigsten formalen Fortschritte im Rechnungs-, Kassenwesen usw. wurden gemacht. Das neue Finanzsystem reichte aus, so lange der Staat keine politische Rolle spielen konnte und wollte. Man hatte den Bedarf im Jahre

1820 von ursprünglich 165 Mill. Mk. Reineinnahme (ohne Zivilliste, Gerichtssporteln, Erhebungskosten usw.) auf 150 zusammengestrichen (66—69 Mill. für das Heer). Dazu lieferte die Grundsteuer 30,3 Mill., die Klassen-, Mahl- und Schlachtsteuer 26,4 Mill., die Gewerbesteuer 4,8 Mill., Zölle und indirekte Steuern 49,2 Mill., das Salzmonopol 11,4 Mill. Mk., den Rest die Domänen, die Stempelsteuer usw. Die Einnahmen stiegen dann in den meisten Zweigen 1826—1850: die Domänen von 16,8 auf 35,1 Mill. Mk., die Postrevenüen von 2,4 auf 20,1 Mill. Mk., die Lotterie von 1 Mill. auf 1,8 Mill., das Salzmonopol von 11,4 auf 25,2 Mill., die Klassen- und Gewerbesteuer von 27,7 auf 30 Mill., die Zölle und indirekten Steuern von 55,8 auf 107,4 Mill. Mk.

Die meisten Ausgaben zeigen keine sehr große Veränderung 1820—1850: die Kosten für das Heer stiegen von 68,4 Mill. Mk. auf 75,6, die für die Schuld sanken von 31,2 auf 22,5 Mill. Mk. Die Anfang der zwanziger Jahre noch vorhandenen Defizits verwandelten sich bald in Überschüsse; große Schuldbeträge wurden nun getilgt, erhebliche produktive Anlagen (Chausseebauten usw.) gemacht. Der so naheliegenden Frage des staatlichen Eisenbahnbaus trat man nicht näher, vielleicht weil die Spitzen der damaligen Bureaukratie zu mancherlich waren, hauptsächlich aber, weil man das Versprechen nicht einlösen wollte, Generalstände für neue Staatsanleihen zu berufen. Bis 1840 war man überhaupt großen Änderungen abgeneigt, weil man die Ruhe des alten Königs nicht stören wollte, von 1840—48, weil der neue König in den großen Fragen zu keinen Entschlüssen kommen konnte und die Verfassungsfrage zunächst alle Aufmerksamkeit beherrschte.

Als 1848—50 die Verfassung zustande gekommen war, mußte das auch auf die Finanzen die größte Wirkung ausüben. Nicht bloß, daß man endlich das Halbdunkel, in dem sie immer noch sich befanden, lüften mußte; die innere und auswärtige Lage war nun wiederholt schwierig und bedroht; nicht unbedeutende Kriegsbereitschaften und Anleihen waren nötig; man hatte von 1848 bis Mitte der 50er Jahre Defizits zu überwinden. Die Mobilmachung von 1859 und die Armeereform brachten den Militäretat, der 1850 noch 75 Mill. betrug, 1864 auf fast 114 Mill. Mk. Neue Steuern wurden beschlossen, 1851 die Einkommensteuer, 1853 die Eisenbahnsteuer, 1857 die Besteuerung der Aktiengesellschaften, 1860—64 die Regulierung der Grundsteuer und die Einführung der Gebäudesteuer; doch war das Ganze Flickwerk. v. Bodelschwingh II, der von

1851 bis zur neuen Ära und von 1862—66 die Finanzen leitete, war ein enger Finanzbureaukrat alten Stils; v. Patow, Minister von 1858—62, war aus der liberalen Schule Maaßens und Kühnes, aber auch kein Finanzmann großen Stils: er mußte entweder das ganze Ertragssteuersystem oder die Einkommensteuer ausbilden; sein ungeschicktes Verhalten in der Militärreform trug wesentlich mit Schuld am Verfassungskonflikt. Die ganze Jämmerlichkeit des Finanzministeriums zeigte sich April 1866, als Bobelschwingh sich unfähig erklärte, den Sold für die ausrückende Armee zu liefern; sein energischer Nachfolger v. d. Heydt schaffte dann in wenigen Tagen ohne Anleihen die Mittel zum Kriege, wohl hauptsächlich durch Realisierung von Eisenbahnaktien und Prioritäten, die infolge des Eisenbahnsteuergesetzes im Staatsbesitz waren. Sein Verdienst als Handelsminister 1852—62 war auch finanziell von großer Bedeutung gewesen; ihm dankt Preußen die vortreffliche Reorganisation der Post und den ersten großen Bau von preußischen Staatsbahnen. Von 1866—69 blieb er preußischer Finanzminister; den neuen Aufgaben der kombinierten preußischen und Bundesfinanz war er aber nicht gewachsen.

Der Status der preußischen Finanzen von 1820—65 läßt sich kurz so überblicken:

	Etatsmäßiger Nettoetat Mill. Mk.	Etatsmäßiger Bruttoetat Mill. Mk.	Größe der Bevölkerung Mill.	Kopfbetrag des Nettoetats Mark	Bruttoetats Mark
1820—22	150	243	11,7	12,8	20,8
1849	189	282	16,3	11,6	17,3
1865	273	450	19,1	14,3	23,5

Mit diesen Zahlen sind die späteren von 1867 und 1871 an gar nicht mehr zu vergleichen. Auch ist von da an eine Darlegung der preußischen Finanzentwicklung ohne Eingehen auf die Reichsfinanzen sehr schwierig. Und diese einzubeziehen, geht über den Rahmen der hier beabsichtigten Skizze hinaus. Über die Reichsfinanzen wird anderweit jetzt genug geschrieben und geredet. Und doch möchte ich nicht verzichten, meine historische Übersicht über die preußischen Finanzen von 1640—1866 noch mit einem Blick auf die Zeit von 1866—1900 wenigstens zu schließen.

Bei den amtlichen Zahlen über diese Zeit muß man sich nur erinnern, daß einerseits der Staat um drei große Provinzen sich vergrößert, anderseits sehr umfangreiche preußische Einnahmen und Lasten auf Bund und Reich übertragen hatte; ebenso, daß die außerordentliche Steigerung der preußischen staatlichen Eigenwirtschaft, hauptsächlich durch die Staatsbahnen, die Staatsrechnungen im Rohertrag ganz anders als früher anschwellen ließ. Alle diese Änderungen zu eliminieren und vergleichbare Staatsnettoeinnahmen und -ausgaben herzustellen, wie es Gerstfeldt tat, hat wohl seinen Reiz, aber es bleibt viel Willkür dabei. Ich folge ihm daher nicht, führe nur an, daß er die preußische Gesamtnettoausgabe berechnet auf: 1821 157,7, 1841 175,3, 1851 234,0, 1861 318,0, 1873 664,2, 1883 815,1 Mill. Mk. Seinen Nettozahlen gegenüber schicke ich gleich hier voraus, daß der amtliche Bruttoetat Preußens balancierte mit: 1865 450, 1870 516, 1880—81 805, 1889—90 1747, 1899—1900 2472, 1907—08 3200 Mill. Mk.; von der letzten großen Zahl kam etwa die Hälfte auf die Betriebsausgaben, so daß der Nettoetat nur 1524 Mill. Mk. war; also etwa das Zehnfache von 1820.

Drei Epochen lassen sich in dem Menschenalter preußischer Finanzgeschichte von 1867—1900 klar scheiden: 1. die Zeit von 1867—78; sie beginnt mit v. d. Heydts Fiasko, an dessen Stelle O. Camphausen mit einem glänzenden Anfang tritt, der aber bald in Dunkel sich verwandelte; 2. die Zeit von 1878—90, die Versuche des Fürsten Bismarck selbst, die Reichsfinanzen und damit auch die Preußens zu heilen, die preußischen Finanzminister zu seinen untergeordneten Dienern zu machen; 3. die Epoche Miquels, der wieder die alte, überragende Stellung des preußischen Finanzministers im Staatsministerium und in der ganzen Staatsverwaltung herstellt, die preußischen Finanzen wieder auf solide Grundlagen stellt, aber das Verhältnis der Reichsfinanzen zu denen der Bundesstaaten als ungelöste Aufgabe zurückläßt. Alle drei Epochen beginnen mit Defiziten und Schwierigkeit, beseitigen diese bis auf einen gewissen Grad, erzielen dann Überschüsse, die aber bald wieder versagen.

ad 1. v. d. Heydt und O. Camphausen wurzeln in rheinischen Kaufmannskreisen, im vormärzlichen Liberalismus. Der erste ein geschickter, derb zugreifender Organisator, aber unfähig, ein Parlament zu behandeln; der letztere seinem großen Bruder, dem Ministerpräsidenten von 1848, erheblich nachstehend, durch die preußische Bureaukratie gegangen, optimistischer Liberaler, als Seehandlungspräsident wieder zum Bankier geworden, popularitätssüchtig, ohne große eigene Gedanken. Die guten Seiten Heydts haben wir vorhin schon erwähnt, dem Defizit der schlechten Jahre 1867—69 war er nicht gewachsen; man warf ihm nun vor, er habe die preußischen Finanzen 1867—69 in zwei selbständige Teile zerschneiden lassen, er habe das Defizit lange verhüllt, es sei viel größer, als er es 1869 mit 15 Mill. Mk. zugebe. Er trat ab, als seine Reichssteuerprojekte fielen. Camphausen entzückte den verstimmten Landtag durch seine optimistische Schilderung der Finanzlage; das Defizit beschwor er durch Aufhebung der regelmäßigen Schuldentilgung (diese sei auf die Überschußjahre zu verlegen) und durch die Konsolidierung der Staatsschuld. Der siegreiche Krieg, der ungeheure volkswirtschaft= liche Aufschwung, die 4000 Mill. Mk. französische Kontribution, die Übernahme der Bank und des Staatsschatzes auf das Reich, erzeugten, ohne Camphausens Verdienst, einen Geldüberfluß ohnegleichen im preußischen Finanzministerium: man konnte die Mahl= und Schlacht= steuer, den Zeitungsstempel, die Elbzölle aufheben, Kunst, Schule, Wissenschaft, Provinzen dotieren, wie nie bisher in Preußen. Aber die mageren Jahre kamen nach; an sie hatte Camphausen nicht ge= dacht. Er kam mit Bismarck über die zu ergreifenden Maßregeln in Konflikt. Dieser attestierte ihm zuletzt, daß er zwar sein Ressort in Ordnung gehalten, im übrigen aber im Golde gewühlt und an kein Finanzsystem für die Zukunft gedacht habe. Auch Zedlitz= Neukirch wirft ihm die Nichtvermehrung der indirekten Steuern als Unterlassungssünde vor. Gegenüber dem Gründungsschwindel, den er durch billige Überlassung von Staatsgeldern an die Seehandlung beförderte, hatte er nur die Entschuldigung gehabt, daß die Pflicht des Finanzministers sei, keine Zinsen zu verlieren. Es war ein großes Unglück für Preußen und Deutschland, daß Bismarck so 1867—78 keinen schöpferischen Finanzminister fand, mit alten Herren aus einer vergangnen Zeit arbeiten mußte.

ad. 2. Die finanzielle Lage Preußens wie der Bundesstaaten und des Reiches war Ende der 1870 er Jahre folgende: man hatte infolge der Überschüsse und der glänzenden Jahre endlich lang ver= nachlässigte Kulturaufgaben, Besoldungserhöhungen, Eisenbahnbauten in großem, fast verschwenderischem Stil ausgeführt; der Sieg der Freihändler und die Zollermäßigungen hatten die Zolleinnahmen vermindert, andere Steuernachlässe waren gefolgt; vorgeschlagene finanzielle Ersatzzölle und =steuern wurden abgelehnt. Die Erwerbung der Staats= und Privatbahnen durch das Reich hatte der mittel= staatliche Partikularismus gehindert. Die Überschüsse hörten auf, die Defizite wuchsen wie die Matrikularbeiträge, welche, nach der Kopfzahl umgelegt, die ärmeren Bundesglieder am härtesten drückten.

Die Ausgaben ließen sich nicht wieder reduzieren. Die Finanzen der Gemeinden, Kreise und Provinzen hatten sich ebenfalls sehr entwickelt; ihnen steuerliche Quellen zu eröffnen, war ein unabweisbares Bedürfnis.

Fürst Bismarck nahm nun die Finanzfrage für das Reich und Preußen in die Hand. Seine Grundgedanken waren: eine schutzzöllnerische Zollreform, die zwei- bis vierfache Zolleinnahmen geben sollte und dann auch gab; große Ausbildung der indirekten Reichssteuern, so daß das Reich den Staaten nicht mehr durch Matrikularbeiträge lästig fallen müßte, sondern ihnen Überschüsse zuführen könne; in Preußen Überweisung der Grund- und Gebäudesteuer an die Selbstverwaltungskörper, Aufhebung des größeren Teils der Klassensteuer, Reduktion der Einkommensteuer auf eine Anstandssteuer der Reichen, endlich nach Scheitern des Reichseisenbahnplans Verstaatlichung der preußischen Eisenbahnen, um daraus eine große fiskalische Einkommensquelle für den Staat zu schaffen; diese schien ihm doppelt nötig, wenn er den Plan eines Tabakmonopols nicht durchführen konnte, wie sich bald herausstellte. Durch die Aufhebung oder Erleichterung der Klassensteuer hoffte er die Masse der kleinen und mittleren Leute für seine Pläne zu gewinnen; durch die großen Überweisungen an die Selbstverwaltungskörper dachte er dann diese vor seinen Wagen zu spannen. Durch seine Einkommensteuerpläne schmeichelte er den Velleitäten der Besitzenden, durch seine Schutzzollpläne denen der Agrarier und Großindustriellen. Die Durchführung der Pläne hing davon ab, 1. welche geschickten Köpfe und Hände er zur Ausführung gewann und 2. ob und inwieweit diese neuen Pläne und ihre Lockmittel mit den hergebrachten preußischen Staats- und Beamtentraditionen und Parteitendenzen, mit der damaligen öffentlichen Meinung irgendwie zu vereinigen wären.

Über die Fähigkeiten der preußischen Finanzminister in der Zeit von 1878—1890 läßt sich kurz folgendes sagen: Die zwei ersten stellten je einen kurzen Versuch mit untauglichen Mitteln dar. Hobrecht (1878—80) kam als nationalliberaler Politiker über einen Versuch, das Budgetrecht des Abgeordnetenhauses zu stärken, nicht hinaus. Bitter (1880—83) war als Finanzminister eine Null; an den finanziellen Erfolgen und Mißerfolgen während seiner Amtsperiode ist er gleich unschuldig. Herr v. Scholz (1883—90), früher Rat im Kultusministerium für Etatssachen, konnte ein gewandter Gehülfe des Kanzlers werden, da er sich mit der älteren preußischen Finanztradition ebenso, wie sein Meister, im Gegensatz wußte; seine Verdienste um Flüssigmachung großer Mittel für Volksschule und Unterrichtswesen überhaupt sind unzweifelhaft; im übrigen fehlte ihm die Selbständigkeit, um die Bismarckschen Pläne auf das durchführbare Maß herabzustimmen.

Die Bismarckschen Finanzpläne tragen den Stempel des großen gewaltigen Genius natürlich auch an der Stirne. Manches und Wichtiges von ihnen ist gelungen und bleibt für immer ein großer Fortschritt: so die preußische Eisenbahnverstaatlichung, zu der der Fürst in Maybach die rechte Hand fand. Auch die Zollreform in schutzzöllnerischer Richtung mit dem Erfolg einer großen Einnahmesteigerung war notwendig und heilsam, hätte nur vorsichtiger und mit größerer Schonung unseres auswärtigen Absatzes, unserer Handelsvertragsbeziehungen durchgeführt werden müssen. Des Fürsten Absicht, die indirekten Steuern, zumal die des Reichs zu steigern, war ganz berechtigt, ebenso sein Kampf für die Erleichterung der unteren Stufen der Klassensteuer. Er hätte in beidem mehr erreicht, wenn er sich nicht so einseitig auf ausländische Erfahrungen gestützt hätte, wenn er in seiner Neigung, die Einkommensteuer fast ganz zu beseitigen, nicht immer wieder den Anschein erweckt hätte, gar kein Gefühl für Steuergerechtigkeit und für die Tugend zu haben, ohne die keine große Aristokratie sich behaupten kann, im Steuerzahlen voranstehen zu wollen. Wenn Bismarck unsere Einkommensteuer zerstört hätte, so wäre das geradezu ein nationales Unglück gewesen; es ist ein Verdienst, daß die Majorität des Abgeordnetenhauses ihm da Widerstand leistete. Seine Monopolpläne waren verfrüht, nicht den deutschen Gefühlen, nicht der Bundesverfassung angepaßt. Seine Erwartungen, die Wählerschaften durch grobe finanzielle Lockmittel zu gewinnen, versagten ganz. Die finanzielle Hülfe, die er und Scholz den Selbstverwaltungskörpern brachten, war an sich berechtigt, geschah aber in übertriebenem Umfang, in falscher Form. Die Folge war doch zuletzt, daß Preußen Schulden machte, um übergroße Summen an die Kreise zu zahlen, die dafür teuere Kreispaläste bauten.

Fürst Bismarck war nicht genug finanzieller Fachmann. Seine finanziellen Reden sind eine merkwürdige Mischung von großer praktischer, aber vielfach auch ganz einseitiger Lebenserfahrung, von seltenem Geiste und kühnster Konzeption, in die sich aber mitunter Dilettantismus und mancherlei Partei- und Klassenvorurteile mischten.

Die preußischen und die Reichsfinanzen sind von 1878—1890 enorm angewachsen; das Gespenst der Matrikularbeiträge war fast beseitigt; die Überweisungen aus Reichsmitteln an die Staaten hatten diesen große Hülfe gebracht; großen Kulturaufgaben hatte man genügen können. Aber noch viel mehr Ausgaben hatte man beschlossen als die Einnahmen gestatteten. Man hatte zwar 1889—90 noch Überschüsse. Aber dann kamen jahrelange preußische Defizite. Die preußischen Finanzen waren in schlechtem Zustande, als Bismarck abtrat. Ich möchte sagen, die drei Finanzehen des Fürsten mit Hobrecht, Bitter und Scholz waren doch Fehlgriffe gewesen. Hätte er, nach seiner Persönlichkeit und nach Lage der innern Politik, 1878 vermocht, sich mit Bennigsen und Miquel zu einer Finanzreform zu vereinigen, so lägen auf der preußischen Finanzgeschichte von 1878—90 nicht so dunkle Schatten neben den glänzenden Lichtern. Von einer Schuld Bismarcks möchte ich aber viel weniger sprechen, als von der Unfähigkeit des damaligen Finanzministeriums, von der Unentwickeltheit der damaligen Parlamente, Parteien und öffentlichen Meinung, von der ungeheuern Schwierigkeit der Probleme: riesenhaft steigende staatliche Aufgaben, Zwiespältigkeit der Reichs- und Staatsfinanzen, Ungeklärtheit der alten und neuen Theorien über Staatsaufgaben und staatliche Mittel! Auf solchem Boden sollte rasch ein großer Neubau der Reichs-, Staats- und Kommunal-Finanzen errichtet werden. Wie sollte das auf einmal gelingen! Der preußische Etat balancierte 1870 mit 516, 1878—79 mit 713 Mill. Mk.; in der eben geschilderten Ära war er um eine Milliarde gewachsen, balancierte 1889—90 mit 1747 Mill. Schon daraus sehen wir, um welche bedeutungsvolle Zeit es sich unter Bismarck und Scholz handelte Unter Miquel wuchs der Etat dann bis 1899—1900 auf 2472 Mill. Mk. an, also wieder um 700 Mill. Mk. in zehn Jahren.

ad. 3. Die Lage der Dinge war in diesem Jahrzehnt eine ganz andere als vorher: die neuen Reichskanzler traten für die Finanzfragen zurück; Miquel verstand es, dem Finanzministerium Preußens wieder die zentrale Stellung in der preußischen Verwaltung zurückzugeben, die es einst gehabt hatte, und daneben das Reichsschatzamt zu beherrschen. Er besaß zunächst das volle Vertrauen des Kaisers, der großen Reformgedanken zugänglich war. Miquel war ein unübertrefflicher parlamentarischer Redner und Taktiker; von großem idealistischen Schwunge, von reicher volkswirtschaftlicher Bildung, von unendlicher Fähigkeit, bis in sein Alter zu lernen; er hatte eine lange und ausgezeichnete Schule in der Selbstverwaltung und im öffentlichen Leben hinter sich; seit Motzs und Maaßens Tagen hatte kein solches Talent, kein solcher Fachmann am Kastanienwäldchen geherrscht. Mit Energie griff er ein: das Gleichgewicht der preußischen

Finanzen sollte zunächst durch altpreußische Sparsamkeit und großartige neue Reformen wieder hergestellt werden; das Reich trat dabei in zweite Linie; die Reichsfinanzreform schien ihm nur möglich auf dem Boden eines sanierten preußischen Finanzsystems. Sich gewissen Tendenzen des Abgeordnetenhauses nähernd, die großen direkten Steuerreformen der deutschen Mittelstaaten studierend und als partielle Vorbilder annehmend, führte er mit seltener Geschicklichkeit in wenigen Jahren die großartige Einkommensteuerreform durch (die Erträgnisse von 80 auf 160 Mill. 1890—1900 steigernd), fügte eine Vermögenssteuer als Ergänzungssteuer bei, wußte durch das Kommunalsteuergesetz die kommunalen Körperschaften, denen die Grund-, Gebäude- und Gewerbesteuer des Staates überlassen wurde, zugleich wieder auf den rechten Weg eigener Besteuerung zu weisen. Die Verbesserung der Erbschaftssteuer mißlang auch ihm; aber dafür gelang ihm eine Revision der Stempelsteuer, der Gebührenordnung, eine Wiederherstellung regelmäßiger Schuldentilgung, eine große Steigerung der Eisenbahnüberschüsse. Durch vorsichtige Veranschlagung der Einnahme, reiche Dotierung des Extraordinariums suchte er auch für ungünstige Jahre die Wahrscheinlichkeit eines Defizits zu beseitigen. Er war in manchen Punkten vielleicht übersparsam, schränkte die Bautätigkeit in den mageren Jahren unter Schädigung des Erwerbslebens zu sehr ein, würdigte die volkswirtschaftlichen Vorteile des Mittellandkanals nicht genügend, aus Furcht vor Rückgang der Eisenbahnüberschüsse. Aber er hat daneben für Handel, Gewerbe, Landwirtschaft und Unterricht doch Großes geleistet. Er hat die Defizite von 1891—94 beseitigt, wieder eine normale preußische Überschußwirtschaft geschaffen. Ein so guter Kenner der preußischen Finanzen, wie Zedlitz-Neukirch, meinte 1900 sogar: „In keiner Zeit seit Friedrich dem Großen seien die preußischen Finanzen so sicher fundiert gewesen, wie nach dem Jahrzehnt Miquelscher Verwaltung."

Dieser Ausspruch ist wohl etwas übertrieben. Die guten Finanzresultate, mit denen Miquel abschloß, hängen teilweise mit den glänzenden Haussejahren von 1896—1900 zusammen; eine Schwäche seiner Finanzpolitik ist, daß die Versuche einer Reichsfinanzreform 1893—94 scheiterten; die Prophezeiung, daß die preußischen Finanzen durch Miquels Reformen gegen jeden Rückschlag gefeit seien, hat sich nicht als zutreffend gezeigt. Aber seine Verdienste bleiben doch außerordentliche. Er hat nach einer langen Epoche des Stillstandes und der Fehlgriffe wieder Fortschritt, Geist, große zeitgemäße Ideen ins

Finanzministerium gebracht. Er hat die Vorbedingung geschaffen, unter der allein heute eine große Reichsfinanzreform möglich ist.

Wir schließen mit Miquel unsere historische Skizze. Die preußischen Finanzen von 1900—1908 zu besprechen, haben wir uns nicht vorgesetzt. Sein Nachfolger wandelte im ganzen dieselben Bahnen, wie Miquel; er hat damit während der wieder einsetzenden Hausseperiode 1901—1906 gute Resultate erzielt; seither aber begannen auch für ihn wieder Schwierigkeiten und Defizite, für die neue Steuern nötig sind; in die Reichsfinanzreform hat er, soweit ich sehen kann, nicht führend eingegriffen. Er ist ein glänzender schlagfertiger Redner wie Miquel, ein unermüdlicher Verteidiger der Staatsinteressen; aber er hat die Stellung Miquels sich doch nicht zu erhalten gewußt; er ist ein ausgezeichneter Beamter aus der Schule der Bismarckschen Herrschaft, mit jenem Anflug feudal-aristokratischen Geistes, wie sie dieser eigen ist. Miquel, der alte Marxianer, besaß neben seiner universalen Bildung und seiner großen politischen Stellung aus der Zeit von 1859—1890 eine souveräne Freiheit des Geistes und des Urteils, wie sie unendlich selten ist. Doch genug. Wir wollten ja von der Zeit nach 1900 nicht reden.

Wir wollen nur in einem letzten Abschnitt einige allgemeine Resultate aus den historischen Übersichten zu ziehen versuchen, die wir gaben. Wir denken, daß sie auch für die Gegenwart nicht ohne einen gewissen Wert sein werden.

VII. Schlußworte.

Wir haben in einer Reihe von Abschnitten die Finanzgeschichte der wichtigsten europäischen Staaten an uns vorübergehen lassen. Wir sahen: den Zusammenbruch der mittelalterlichen Naturalverfassung derselben, die tastenden Versuche der meist stark verkleinerten Staaten vom 14. bis 17. Jahrhundert, von den Resten der alten Naturalverwaltung zu retten, was möglich sei, daneben eine Geldfinanz einzurichten; dann im Zusammenhang mit der europäischen Staatenbildung des 16. bis Anfang des 19. Jahrhunderts die volle Ausbildung der modernen Staatsfinanz mit einem Geldsteuersystem und einem bedeutsamen Schuldenwesen; in der langen Epoche der Handels- und Kolonialkriege, des aufgeklärten Despotismus, der sich bildenden stehenden Heere und des Berufsbeamtentums große Fortschritte in der Organisation, in den Mitteln der Finanz, aber daneben fast noch mehr Mißbräuche und Schwierigkeiten, Staatsbankrotte, da und dort fast eine Erdrosselung des privatwirtschaftlichen Lebens durch fiskalischen Druck, durch wucherische Steuerpacht, mehrmals fast den Ruin der staatlichen Existenz durch Defizits und Mißwirtschaft; außer in England noch nirgends eine Kontrolle durch die Öffentlichkeit; von 1814 dann in der langen Friedenszeit bis 1860/70 die Beseitigung der meisten und schlimmsten frühern Mißbräuche, große organisatorische und materielle Finanzreformen, Sieg der konstitutionellen Budget= kontrolle und der Öffentlichkeit, Versuche, wissenschaftliche Prinzipien dem Steuerwesen zugrunde zu legen; aber bei der außerordentlichen Schwierigkeit, eine staatliche Riesenwirtschaft gut durchzuführen, die großen Interessengegensätze von Staats= und Einzelwirtschaft jeder= zeit harmonisch auszugleichen, doch ein verschiedenes Gelingen des Pro= blems; immerhin in der langen Friedenszeit von 1815 bis 1860/70 unter relativ nur langsam wachsenden Ausgaben ein Auskommen mit den 1770—1830 ausgebildeten Ideen, Finanzinstitutionen, Steuern; und nun von 1860 bis heute neue und steigende Schwierig= keiten, infolge der unendlich gesteigerten neuen Staatsaufgaben, der neuen Kolonialerwerbungen und internationalen Interessenkonflikte, der vielfachen Vergrößerung der Staaten und Reiche, der enorm an= wachsenden Militär= und Marinekosten, sowie der unvermeidlichen Verflechtung der zu lösenden großen Finanzaufgaben mit den inneren Verfassungs=, Partei= und sonstigen Kämpfen.

Hätten wir unsere Vergleichung noch auf weitere Staaten aus= dehnen können, so würde noch deutlicher in die Augen springen, wie enge alle ältere und neuere Staatenbildung mit der Finanzentwicklung verknüpft ist, wie die großen Epochen des Staatslebens zugleich die der Finanzentwicklung sind, wie viele Staaten durch schlechte Finanz herunter=, durch gute emporgekommen sind, wie auch keine große volkswirtschaftliche Entwicklung denkbar ist ohne gute Finanz, wie vor allem neue reale Veränderungen im Staats= und Gesellschafts= leben, neue Gedanken und Ideen über das Verhältnis von Staat und Gesellschaft, Staat und Volkswirtschaft, Staat und Individuen, zu neuen Ordnungen der Finanz führen.

Hatten die formalen und materiellen Fortschritte in der Finanz= verwaltung 1815—61 zu einem gewissen scheinbaren Ruhepunkt ge= führt, von da an kam alles wieder in Fluß und Frage. Die Aus= gaben wuchsen in ganz anderer Proportion, und die Frage, wie weit sie und die Staatsaufgaben wachsen dürften, war jetzt für den tiefer Blickenden nicht mehr mit der manchesterlichen Abweisung neuer Auf= gaben des Staats als Sozialismus abgetan. Überall versagten die alten Ertragssteuersysteme. Alle Steuerprobleme waren komplizierter geworden; die Forderungen sozialer Gerechtigkeit machten sich geltend, wie nie um 1750—1850. Die Möglichkeit einer großen einträglichen staatlichen Eigenwirtschaft, die man von 1776—1870 so gern ohne weiters als schädlich abgewiesen hatte, zeigte sich nun doch als diskutabel. Damit traten auch Staatsmonopole nach und nach wieder als mögliche Form der Staatsfinanz in den Vordergrund. Die großen Schwankungen der Hausse= und Baissejahre erzeugten seit Mitte des 19. Jahrhunderts, wie vorher nicht leicht und jedenfalls nicht so stark, den jähen Wechsel der periodischen Überschuß= und Defizitjahre. Die Etats wurden immer größere, immer schwieriger zu überblicken und zu verstehen. Die Schuldenwirtschaft hat in den meisten Staaten eine finanziell, sozial und sonst gefährliche Höhe erreicht, so daß die praktische Erleichterung der Finanz durch Aufhebung der Schuldentilgung so wenig dauernden Beifall finden konnte, wie die phantastischen Theorien von Dietzel und Lorenz v. Stein, daß alle Verschuldung ja die Schaffung ideeller Werte und Kapitale bedeute. Wohl stieg da und dort der Volkswohlstand noch mehr, als die Ausgaben von Staat und Selbstverwaltungskörpern; aber es war doch immer die Frage, ob ein Anwachsen des Budgets aufs 4—10fache dadurch entschuldigt werde. Und wenn man auch vielleicht mit Recht sagen kann: unsere Gesellschafts= und Staatseinrichtungen rechtfertigen es, einen doppelten und mehrfachen Prozentanteil des Nationaleinkommens gegen früher in die Hände von Staat und Gemeinde zu legen; es ist natürlich, daß so große Veränderungen große Widerstände auslösen, nicht ohne große Interessenkämpfe sich vollziehen. Vielleicht sind die Reformen in Deutschland am schwierigsten, schon weil unsere Großstaatsbildung und unsere Wohlhabenheit eine der jüngsten ist, weil das finanzielle Verhältnis von Reich und Staaten 1867 und 1870 so unvollkommen gelöst wurde.

Nur darf man heute nicht vergessen, daß auch die Mittel, um zu großen Reformen zu kommen, in der Gegenwart viel größere sind, als je in frühern Zeiten: die wissenschaftliche Einsicht ist unendlich viel bedeutender als früher; die öffentliche Meinung und die Parlamente, die Presse und die Literatur stellen eine gesellschaftliche Maschine der Verarbeitung und Durchsetzung neuer Gedanken dar, wie sie früher nie vorhanden war.

Große Finanzreformen sind in früheren Zeiten fast nur nach erschütternden staatlichen Katastrophen, während Kriegen gelungen, die die Existenz des Staates in Frage stellten. Die Reformen von Sully, Colbert, Fleury, von Cromwell, Napoleon I., von Hardenberg, Pitt, die französische Steuererhöhung von 1871—75 waren Folgen von großen Kriegen, von Revolutionen, von finanzieller Mißwirtschaft ohnegleichen; auch Peels Reformen waren die Folge der finanziellen Impotenz von 1815—42. Solche Zeiten mit ihren Gefahren bringen am leichtesten die wirklich Fähigen an die Spitze, erzeugen einen Patriotismus von höchster Stärke, machen die Nationen zahlungswillig. Aber in neuerer Zeit sind doch auch in ruhigeren Epochen bedeutende Reformen gelungen; ich erinnere nur an die von Gladstone und Miquel; beide waren freilich Virtuosen im Spiel auf dem Instrument der Parlamente und der öffentlichen Meinung; Gladstone mußte sich immer den Anschein zu geben, als liege ihm nichts so sehr am Herzen als die Erleichterung der Steuerlast. Miquel versüßte seine Steuerprojekte mit lockenden Zuckerpillen (Verzicht des Staats auf die alten Ertragssteuern, Versprechen, die Einkommensteuerreform nur zu gerechterer Verteilung benutzen zu wollen).

Am ehesten gelangen die großen Finanz- und Steuerreformen, wenn der Finanzminister und der leitende Staatsmann ein und dieselbe Person waren: Cromwell, Colbert, die altpreußischen Könige, Pitt, Peel, Gladstone sind Beispiele hierfür. Colberts beste Leistungen fielen in die Jahre, da ihm Louvois beim König noch nicht den Rang abgelaufen hatte; Peel sorgte dafür, daß bis auf die Kammerfrauen der Königin seine whigistischen Gegner beseitigt wurden. Stein und Hardenberg reservierten sich in ihrer ersten Zeit neben der allgemeinen Staatsleitung das Finanzministerium. Ich glaube, daß Miquel seine letzten Karten für eine Reichsfinanzreform erst als Reichskanzler ausspielen wollte. Aber je größer und komplizierter die Staatsgeschäfte werden, desto seltener und schwieriger ist doch heute die Personalunion zwischen Ministerpräsidenten und Finanzminister. Glücklich, wenn sie wenigstens ganz einig sind und ohne Reibung zusammen wirken. Bismarck hat 1862—83 dieses Ziel nicht erreichen können. Heute hat der deutsche Reichsschatzsekretär sich nicht nur mit dem Reichskanzler, sondern mit so und so viel Landesregierungen und einzelstaatlichen Finanzministern zu verständigen. Ich hörte einen angesehenen eingeweihten Mann, den man als Nachfolger von Herrn v. Stengel bezeichnete, sagen, er würde doch nie das Reichsschatzamt annehmen, wenn ihm nicht zugleich das preußische Finanzministerium angeboten würde; die zu überwindenden inneren Reibungen seien zu groß.

Trotz alldem, diese Schwierigkeiten lassen sich überwinden, wenn eine aufwärtsgehende volkswirtschaftliche Entwicklung die Finanzreform erleichtert, und wenn die Regierung das volle Vertrauen des Volks oder seiner Majorität genießt.

Und bei dem ersteren Punkt kommt es nicht sowohl darauf an, ob im Augenblick Hausse oder Baisse vorhanden, sondern ob die Gesamtbedingungen eines steigenden Wohlstands für Jahrzehnte vorhanden sind. Als Peel 1842 die Einkommensteuer durchsetzte, waren augenblicklich gedrückte Zeiten für England, aber das Volk glaubte an den zukünftigen Aufschwung; auch Gladstones Reform von 1853 fiel noch in die Nachwirkung gedrückter Konjunkturen. Für unsere heutige Reichsfinanzreform dürfen wir annehmen, daß das deutsche Volk in seiner großen Mehrheit an seine wirtschaftliche Zukunft glaubt. Aber vertraut es auch so seiner Staatsleitung, daß es seine Abgeordneten in ihrer Majorität zwingt, den jetzigen Reformprojekten zuzustimmen? Ist die Reichsleitung so mit den Einzelstaaten und mit den berechtigten politischen Zeitbedürfnissen in Einklang, daß der Erfolg sicher scheint? Ist man in Preußen geneigt, sind unsere Konservativen weitsichtig genug, daß man gewisse bescheidene Konzessionen dem Liberalismus machen wird? Meine Hoffnungen in diesen Beziehungen auf den Reichskanzler waren bisher günstige. Aber sie sanken auf den Nullpunkt, als es infolge der jetzigen Krisis den Anschein nahm, als werde er zurücktreten. Sein Abgang würde, nach meiner Empfindung, das Begräbnis der Reichsfinanz mindestens für dieses Jahr bedeutet haben. Da er nun bleibt, so rechne ich auf ein Gelingen.

Jeder Regierung, auch der besten und anerkanntesten, steht die natürliche Abneigung der Steuerzahler entgegen. Ein wahres englisches Wort sagt: it is not given to man, to tax and to be loved. Alle Steuererhebung ist und bleibt unpopulär. Wer dafür kämpft, muß das wissen, muß eventuell, wenn er sein Ziel erreicht, neuen Männern Platz machen. Aber nicht eigentlich um die Staatsbürger als solche handelt es sich heute, wenn die Opposition gegen neue Steuern erstarkt, sondern um die organisierten Interessengruppen und die politischen Parteien.

Daß die erstern, wenn sie speziell bluten sollen, ihre Interessen verteidigen, die Folgen der neuen, sie treffenden Steuern untersuchen und beleuchten, kann niemand ihnen verargen, am wenigsten eine Regierung, die seit Bismarcks Tagen solche Interessenorganisationen förderte und oftmals ihre Elaborate für die erleuchtetste volkswirtschaftliche Erkenntnis ansah. Die heutige deutsche Reichsregierung hat diesen Fehler im ganzen vermieden; sie wird also damit fertig werden, aus den Gegenschriften gegen die neuen Steuern alles lernen, was ihnen zu entnehmen ist, aber sie nur für das ansehen, was sie sind, egoistische Advokatenschriften.

Die eigentlich entscheidende Rolle spielen ja nun die organisierten politischen Parteien, die freilich in jedem Lande wieder eine verschiedene Bedeutung haben. Als Vorzug einer parlamentarischen Regierung rühmt man oft, daß das im Amt befindliche Ministerium seiner Sache viel sicherer sei; das ist bis auf einen gewissen Grad der Fall. Aber Pitt hat erst langsam sich eine Majorität errungen, Peel hat halb mit Parteifreunden, halb mit Parteigegnern 1842 gesiegt; Gladstone ist als Premierminister einmal mit dem Budget so hereingefallen, daß er es rasch zurückzog. In manchen Ländern, wie Frankreich, hat man sogenannte parlamentarische Ministerien, die viel schwächer sind, als unsere deutsche und preußische Regierung. Den Zolltarif von 1903 und die Reichsfinanzreform von 1906 hat eine geschickte parlamentarische Taktik der Regierungen doch unter Dach und Fach gebracht, freilich mit viel zu großen Opfern an Klassenwünsche und Parteivelleitäten. Ohne Opfer für die Regierung an die Blockparteien und der Blockparteien untereinander wird es auch jetzt ja nicht gehen. Aber wenn es die rechten, vernünftigen Kompromisse sind, so tut das nichts. Die geschickte Taktik des Reichskanzlers, die energische Kaltstellung der innerhalb der Regierungen Widerwilligen, die feste Betonung, daß wir in unserer gefährdeten Lage nicht länger im Reiche mit Defiziten wirtschaften dürfen, ohne die Existenz und die Zukunft Deutschlands zu gefährden, die rastlose Aufklärung der öffentlichen Meinung, — das kann uns durch alle Klippen des Reichstags und des Parteiwesens hindurchführen.

Der Reichstag wird endlich einsehen, daß er nicht mehr Ausgaben ohne neue Einnahmen bewilligen darf, daß das Unwesen der Matrikularbeiträge ein Ende durch vergrößerte eigene Reichseinnahmen finden muß. Die sozialen Klassen, die Parteien und die Regierungen müssen endlich den übertriebenen Schulstreit, ob direkte oder indirekte Steuern vorzuziehen seien, ebenso den Rechtsstreit, ob das Reich nur indirekte Steuern haben dürfe, in die Ecke stellen und unabhängig davon die brauchbarsten und einträglichsten Steuern wählen, ein Steuersystem von Reichs-, Staats- und Gemeindesteuern herstellen, in dem die verschiedenen Steuerarten sich ergänzen, eine gerechte Verteilung herbeiführen. Alle vernünftigen Leute aller Parteien und Klassen sollten endlich einsehen, daß die indirekten Steuern die unteren

Klassen stark überlasten, daß aber direkte Steuern allein nicht möglich sind. Die indirekte Steuer hat gewiß den Vorzug, nicht so direkt, so unmittelbar bemerkt zu werden; sie täuscht das steuerzahlende Publikum über die Steuerlast hinweg. Aber sie kann, wie in England von 1700—1860, volkswirtschaftlich so außerordentlich schaden, daß ihre Einschränkung erstes Erfordernis der Reform ist. Bei uns erträgt sie gewiß noch erhebliche Ausdehnung; das Volk ist nicht so steuerlich ausgebildet, daß es nicht für einen großen Teil seiner Steuerzahlung der Täuschung bedürfte, die in den indirekten Steuern liegt. Aber anderseits sind die mittleren und unteren Klassen heute viel aufgeklärter als 1600—1850; sie wissen zu gut, daß es ihre Wolle ist, die hauptsächlich mit der indirekten Steuer geschoren werden soll. Daher muß eine starke Heranziehung von direkten Steuern, die vor allem die Wohlhabenden treffen, auch im Reiche, nicht bloß in den Staaten und Gemeinden stattfinden. Ohne eine recht ausgiebige Erbschafts= und Nachlaßsteuer müssen die Liberalen ihre Mitwirkung bei der Reichsfinanzreform versagen. Wenn die Konservativen in ihrer Mehrzahl hier ihre Hülfe verweigern, so fällt sie sicherlich. Freilich auch Pitt mußte, als er 1799 die Erbschafts= steuer einführte, die Grundbesitzer zunächst freilassen, erst Gladstone konnte 1853 dieses Unrecht gutmachen. Im übrigen ist es nicht schwer, den Landwirten durch verschiedene Konzessionen in der Aus= führung entgegenzukommen.

Unsere konservativen Parteien, die nur für indirekte, unsere liberalen, die überwiegend für direkte Steuern schwärmen, möchte ich zum Schluß an die klugen Worte Gladstones von 1861 über die Vorzüge der beiden Steuerarten erinnern: „Mir kommen beide vor, wie zwei anziehende Schwestern, die in die Londoner Gesellschaft eingeführt, beide dasselbe Vermögen und dieselben Eltern haben, sich nur so unterscheiden, wie zwei Schwestern zu tun pflegen, durch hellere und dunklere Gesichtsfarbe; die eine tritt mehr frei und offen auf, die andere etwas scheu, sich verbergend und schmeichelnd. Ich sehe nicht ein, warum zwischen den Bewunderern der beiden Damen eine unfreundliche Rivalität sein sollte. Ich gestehe offen — man mag es unmoralisch finden oder nicht —, daß ich als Schatzkanzler und Mitglied dieses Hauses es nicht bloß für erlaubt, sondern für pflichtgemäß hielt, meine Aufmerksamkeit stets beiden Damen zuzuwenden. Ich bin also zwischen direkten und indirekten Steuern gänzlich unparteiisch."

20. November 1908.

Printed by Libri Plureos GmbH
in Hamburg, Germany